Noturno europeu

COLEÇÃO TRÁS-OS-MARES

coordenação
Renato Rezende e Maria João Cantinho

projeto gráfico e capa
Sergio Cohn

revisão
Ingrid Vieira

distribuição
Editora Hedra

Obra apoiada pela Direcção-Geral do Livro e das Bibliotecas/ Portugal

Dados Internacionais de Catalogação na Publicação – CIP

N972
Nunes, Rui
Noturno europeu / Rui Nunes. – Rio de Janeiro: Circuito; Lisboa: DGLAB, 2018. (Coleção Trás-os-mares).
94 p.

ISBN 978-85-9582-024-1

1. Literatura Portuguesa. 2. Romance. I. Título. II. Série. III. Direção-Geral do Livro, dos Arquivos e das Bibliotecas (DGLAB).

CDU 821.134.3   CDD 869.3

2018
www.editoracircuito.com.br

Noturno europeu
RUI NUNES

CULTURA
DIREÇÃO-GERAL DO LIVRO, DOS ARQUIVOS E
DAS BIBLIOTECAS

2018

Uma viagem no outono   7

Outras viagens   37

Nota bibliográfica   91

UMA VIAGEM NO OUTONO

quase nada:
o que faço
desfaço:

*

o homem estropiado recupera
o desenho da catástrofe,

*

no gelo,
as lagartas de ferro multiplicam
a aparente desordem de uma guerra.
As larvas nunca se perdem,
nunca se cansam, as larvas
mantêm a determinação da ruína numa casa,
deixando para trás a mesa posta, os pratos com restos de comida, os copos úmidos de vinho. As manchas
brancas do vento. O que há de vulgar numa madrugada,
sabem-no elas breve: basta abrir a porta
ao visitante insuspeitado,
ao brilho indagador da arma

*

desloca a matança para o segredo de uma confidência
ou para a mudez de quem olha um quarto vazio:
é inesquecível
o que os séculos fizeram da incerteza da tua mão.
A contabilidade, o deve e o haver das burocráticas colheitas

transformam as cinzas num roteiro, num passeio pelo rio,
numa excursão de autocarro, ou na gelada aragem de novembro num
apeadeiro de caminhos-de-ferro da alta silésia:
o terror é uma enumeração meticulosa, uma ordem simples
do maior para o menor. Uma ardósia
onde o estalajadeiro escreve em letra gótica
os pratos do almoço de domingo. Axiomas. Com o seu rigor amanuense.

*

um eco não é o que sobra de uma voz:
qualquer voz no eco é uma corda,
a exatidão de dois sentidos
que enraízam na boca a nudez ou o grito,
a morte ou o ofício do resíduo.

*

O binóculo aproxima a passagem vagarosa da muralha,
as árvores que perderam o nome no inverno.
As lentes esclarecem agora alguns destinos:
abrem a porta aos mortos, dão sombras a sombras,
não reconhecem vivos

*

a procura torna quase tudo incerto:
só a ordem sincopada tece, para trás e para a frente, a exatidão da queda.
Resta-nos uma cinza aérea, uma névoa suja, o som das nozes a caírem
nas folhas podres. E alguém que levanta a cortina e nos vê a atravessar o
círculo de orvalho.
Uma suspeita.
:
Pela janela, na pequena deformação do vidro, a larva
devora, a cada movimento da minha cabeça,
uma larva desperta da sua hibernação,

e recomeça:
come e defeca
come e defeca

*

O massacre concentrou-se em pequenas coisas. E sobrevive, nas cansadas viagens suburbanas. Sob os olhos colados de sono, a mão esquecida pesa ou afasta, às vezes cai, abandonada. Um cão enrola-se debaixo de um banco: as palavras têm aqui a aspereza de um vidro riscado. Estação a estação fica mais nítido o vômito nas janelas. E cada minuto recua até encontrar a sua explicação.
Quem não conhece estas manhãs, duvida:
somos todos o passado clandestino dos felizes, quando o rio era um brilho entre salgueiros, um desvio incerto da infância.

*

Quanto mais perto mais rápido.
Como num redemoinho,
assim respiramos.

*

O ar na pele dos lábios, enraíza. Nos dedos
passa, entreaberta, a umidade. O que há de restar da sombra, será o zumbido de um enxame de vespas.
A vida toda, o que há de.
Estamos próximos quanto mais estamos: frente ao muro,
os caminhos afastam-se como lagartixas. Mas o corpo, o intervalo, por que vibra? Por quê?
Os enxames de vespas aproximam,
a manhã e a tarde aproximam-se do rumor sitiado do poço.
Seca, a areia, grão a grão desfaz. A pele desfaz-se. Grão a grão rodeia
:
a vocação de um muro: encostar-se alguém a ele. E respirar. Qualquer

passo é a agonia de uma paragem. Nas ervas daninhas, por onde fogem cobras, o som ramifica-se. Contra nós, a transparência dos sobreiros, o seu verde em queda, em quebra. Furtivas, as asas pressentem a falta de um refúgio, o ar em estilhas, o outro lado exorbitante de qualquer nitidez. Ou o zumbido de um enxame de vespas.
Quando as cobras param,
ressurge a pedra solta do muro.
Olhamos em volta.
E encostamo-nos a ele

*

Imensa, esta gente reconduz
a catástrofe ao ruído de folha sobre folha,
mas a vingança dos mortos
é uma faca mergulhada na terra, o gume
iluminado da raiz.

*

façam com as palavras aquilo que quiserem,
desfaçam-nas:
uma palavra desfeita não magoa,
uma palavra inteira rasga a boca,
uma palavra inteira é a certeza
de outra palavra inteira, a corda fina
que vai da trave à terra, do caibro ao vento
de uma janela aberta:
a imprecisa
minúcia da poeira

*

Uma casa é a aprendizagem do intruso, um refúgio voraz, onde cada porta tem a solidez de uma cerca, de um velho trêmulo, com o peso do soalho nos pés.

Uma casa é de cima a baixo a disciplina do ódio,
:
os braços quando vestem, os ombros quando abrigam, os pés quando reconhecem passo a passo a mesma pedra:
assim se perde um corpo no labirinto de um homem nu.
Espera-o a infância de um nó.
A infâmia.

*

Não é dor, nem cansaço, é ranço, as minhas mãos só sabem escrever, as minhas mãos não sabem, as letras destroem-se, destroem as frases, páginas e páginas desta destruição. Os meus olhos, quanto menos, mais paciência têm para os detritos. Eles próprios são detritos. O que veem lentamente cega-os. Por entre, ressaltam os restos. Tudo é um resto. De quê. Por entre, como se. Por entre, como. Por entre. Eis a glória de deus. Nos arranha-céus, a rapidez de um teclado, o zumbido de um enxame de vespas. E de súbito a queda. Ao longo de um túnel. De um poço. De um fosso. Esta derrocada encobre, isto é, inicia. Todas as derrocadas são uma iniciação: as condutas de gás estouraram, as paredes erguem, por uns segundos, a vertigem da poeira, os nomes deformam-se, separam-se, acabam num monte de lixo. Alguém fala em nome de, alguém desfaz caminhos: os das palavras e os da falta delas, alguém desfaz o início, alguém apaga partida e chegada, um formigueiro vibra: e reproduz-se a falta de uma árvore. A misericórdia de deus, quando recomeça, é o gerúndio de uma matança. E chama-se tempo à misericórdia de deus. Tempo de ver o rebordo das crateras, o desabrigo onde se vão construindo os vultos. As sirenes: sons uniram-se a sons e tornaram-se flexíveis como cordas. Quando os ouço, paro,
isto é,
tudo se aproxima

*

eis a doença: afastar a boca das coisas, afastar da pele a intimidade dos cardos, dar a qualquer deus a distância obscena de uma súplica, a vigi-

lância do que não se revela:
estamos, todos nós estamos na transparência dos sobreiros, onde o gesto
golpeia com a brutalidade de um recomeço.
Eis o grande sinônimo:
o que não interrompe.

*

Suspeitamos
:

os olhos medem, a unha
fixa o número à pele e a voz diz
o tamanho de um corpo.
(qualquer número é o tamanho de um corpo).
Na cama ou na rua o morto é número:
a unha aplicada resvala,
pela fita métrica vai de um extremo a outro,
de um número a outro
e subtrai
um morto à sua fuga
:

boca a boca,
em volta, o cerco
de um nome quase luto,
um nome quase mudo
redobra num sussurro
a suspeita de um número.
De uma data a outra data,
vai e vem a unha, vai e vem o morto,
fio a fio retece
ou escurece
as vozes deste luto

*

Não escapas, não escaparás nunca
a milhões e milhões de palavras como grão a grão,
ao mesmo tempo dizem tudo o que é verdade,
qualquer frase, qualquer livro.
Não escapas,
uma palavra afasta o gesto que traduz
o silêncio da recusa, o silêncio de um utensílio devolvido
à mão que o fecha no início de uma aprendizagem.
Um homem, qualquer homem, vai
com tantas palavras contra a boca, que não sabe:
todas as verdades têm
a solidez de um desabamento
e erguem-se da ruína das igrejas, dos cavalos manchados de verdete, de
patas para o ar, dos baixos-relevos carcomidos pelos fungos, das salas
abertas à acidez das chuvas, no início de maio, ou no fim de um mês a
que chamam de cruel:
é também o cinismo dos deuses que se esboroa com elas:
os ratos saem dos canos rebentados, ou do fumo literário que sobe dos
montes de entulho:
cada época dá ao entulho o seu brilho,
dá a certas palavras a dignidade do insulto.
Os holofotes sobre a merda, o que mostram?
a margem onde palhaços representam
uma pantomina, o dejeto asséptico dos aplausos.
Hoje, do entulho
ergue-se a manhã de domingo das verdades, o sólido azul
que recomeça a tecer
os fios desirmanados
de uma teia,

*

o pus, o sangue, a merda: assim acaba
no alcatrão esburacado a agonia de um deus.

*

o sol reduz o medo a uma transparência,
a luz por entre iguala o próximo e o longínquo,
o exterior e o interior, não divergem,
não sabem caminhos estes bosques, este portão,
a linha férrea
que tem nos seus duzentos metros
o tamanho brusco de uma rasura,
as cidades há muito apodreceram,
resta a fuligem negra das paredes,
nas manhãs frias de domingo, voam baixo
os corvos, voam sempre, e atravessam
a moldura das janelas, o deserto
de um bater de asas interrompe,
não sabemos o quê, mas interrompe
como se violentamente começasse,
o medo e o sangue regressaram,
a merda dos gatos, perdida no entulho,
suja os pés de quem procura,
não tiveram tempo de brotar as ervas,
o estuque, o ferro, o gesso, o chumbo:
a nitidez inacabada de nascer:
fode-se contra a parede, a eternidade acabou agora mesmo,
consumida pelas larvas, e a parede contra a qual fodemos desfaz-se lentamente, bocados de caliça e restos de argamassa caem-nos nos ombros,
mas nós continuamos a foder, como fodem os cães, no passeio por entre
botas e pernas, abrigados num intenso esquecimento:
irá mais longe esta ruína
que uma vida qualquer?
:
Chegaram de manhã os mestres-de-obras das novas avenidas, os agrimensores de uma terra batida por ossos, tão leves como um sopro, ensimesmados correm para cá e para lá, procuram e não sabem,
ou fingem não saber,
que ainda há pouco, o peso de alguns homens se escapava
de ânus, poros, narinas, boca, mas os corpos
não se tornavam leves:

quanto mais perdiam mais pesavam,
:
por entre, vão e vêm tempos
:
eis o cais de espelhos que julgas enfim ser a chegada, o sal é aqui uma luz corrosiva, nos olhos de adolescentes que não sabem perguntar, as peças do teu corpo não são mais do que palavras tristes: merda, cuspo, esperma, numa grécia cheia de artimanhas, onde os rapazes, para além de te roubarem, partem os vidros dos bancos, incendeiam as paragens de autocarros, atravessam com gestos de suor o seu próprio silêncio cheio de insultos, o silêncio desarticulado do insulto, as mãos em chama, os carros virados, as árvores que pegam fogo ao ar, a noite concentrada de um incêndio, a raiva das corridas, tudo multiplica a teia emaranhada, estas Penélopes não alongam esperas nem dão sentido a viagens, a grécia emigrou para muito longe, para arquipélagos perdidos, nas pausas dos fins de semana, que os ferryboats ligam ilha a ilha, enquanto o Partenon vigia, com a sua morte inacabada, a interminável ruína das histórias, atrás dos arbustos de mirto, no zappeion, vão cagar envergonhados os turistas, afastando com as mãos as varejeiras, Sunion entra por um mar de plástico, garrafas cheias de um vapor translúcido, camisas de vênus balouçantes:
eis os restos
de uma eternidade à deriva
que se mede,
nos dez minutos de um encontro:
aqui, a morte vem à pele dos rapazes que alimentam
um fogo sem começo
:
As velas dos moinhos são os braços
da manhã inclemente. As casas abrigam-se no branco:
carraças agarradas a um cão tinhoso.
Uma ilha grega ao preço de saldo.
De mãos nos bolsos das calças,
camisas de algodão inchadas pelo vento,
os rapazes vão e vêm: uma poalha salgada
torna escorregadio o alcatrão do cais: diminui

o verde encarneirado entre o barco e o molhe:
louros e fartos, os turistas desconhecem
a contabilidade de algumas ciladas,

*

Atravesso uma casa, um país, estas duas prisões
atravesso-as, porque
não posso desviar-me:
uma delas sempre me espera,
com os seus cães domésticos, sorrisos amestrados, sítios
que a vigilância fez crescer como tortulhos;
a outra, todas as manhãs aviva a giz
o aduaneiro círculo da suspeita.
Há quem se sente
num banco, debaixo da parreira
e por entre os nós de sombra dos sarmentos vá escolhendo,
na pele as rugas, os vincos dia a dia mais profundos,
enquanto formigas, besouros, lagartos, pombos,
pouco a pouco constroem pouco a pouco
a estátua vulnerável,
a indiferença de um velho que não sabe
que do seu pouco de osso transparece
o que no abandono transparece
:
põe o chapéu na cabeça e abre a porta, oscilante o corpo desconhece,
nesta chapa lisa que se estende, de um lado ao outro da partida, que a
morte, como os moinhos de deus, semeia devagar:
o que este homem vê aumenta a ameaça,
quanto mais vê, mais o quê?
mais incerto, porque não sabe nem,
nem o quê?
Abre a porta de casa, não para o quintal, não
para a aldeia, a vila, a cidade, o país, o mundo, abre.
E olha:
é sempre o princípio,

quando se olha, quando alguém nos olha.
Encandeado, recua,
e fecha a porta,
abre-a de novo,
e volta a fechá-la.
Abre e fecha
abre e fecha
abre
fecha
e fica,
a olhar a porta fechada,
estende a mão para a maçaneta, estende-a, mas não chega à maçaneta, o frio na mão entreabre-a, o quê?, sabe lá o quê, depois, depois volta, ou regressa, que é um nome mais feliz para uma corda, abre e fecha a porta, abre e fecha a porta, deve ser isto, ir de um lado ao outro, de um gesto que não recomeça mas, o que há nele que não recomeça? é bom: eis o que sabe, o sol tem a intermitência de uma porta entre duas cegueiras, da porta aberta à porta fechada: o instante em que se arruína este abrigo, nem uma pausa mas, talvez o disparo do trinco, um tiro, talvez uma rola a cair enredada no ar, a trajetória esvoaçada de uma rola, de penas baças de morte, o cão salta-lhe das botas, o som do mato a aproximá-lo, do som da rola a bater na esteva, as asas e o sangue, um som que se torna de ramo em ramo cada vez mais, até, que fazer à mão na maçaneta? Antoine Roquentin, talvez rodála a medo, os dedos curvos, um ninho, estavam tão alto os ninhos, eram, tão alto que
as suas pernas tremiam, ou os ramos por onde,
dobravam-se
até os pés tocarem outros ramos,
a mão que desampara? Incerta, não encontra? A mão não lhe pertence, a quem então? Começa, a abri-la e a fechá-la, há neste movimento o conforto de um regresso mas, de cima a baixo a luz, a fresta, de onde os olhos se desviam, um pouco só, e os sobreiros, a copa a desprender--se, a desfazer-se, o verde em fios, não sabe o que é mas, da falta de um nome à falta de um nome, dantes, quanto mais nomes mais preso, até à perseguição sem descanso dos cães, maldosos, empurravam-no com latidos e uivos contra o muro caiado, por vezes um deles não conseguia

parar e batia no branco quebradiço, desprendiam-se então placas de cal, o velho sentava-se onde, em frente os paralelepípedos de calcário, e os cães espalhados num semicírculo, a língua a sair-lhes da boca, maior do que a boca, rosada de carne fresca, dantes, era dantes que o encontravam alheado, com os cães à sua volta, bichos pacientes que não se cansavam de esperar, sem saber o que esperavam, a cada badalada do sino erguiam o focinho, o meio-dia era um pouco depois, quando aconchegavam a cabeça na poeira, e o velho não respondia a quem o chamava, quem? nunca haverá resposta, só a mão vai do cinto aos joelhos, e dos joelhos ao cinto, contorna a fivela e fica, a contornar a fivela, depois escorrega pelo tecido, enrugando-o, por vezes as unhas encalham num vinco, e a mão encurva-se, um pequeno aconchego do ar, ou um ninho abandonado, enquanto um olhar o rodeia, o seu?, em volta contra ele os cães apertam, na terra a baba, pedaços de corda úmida, o quê? o quê é o seu destino, como palavras amontoadas é o seu destino, da igreja vem a porta escancarada da sombra, que o branco comprime, a invasão da cal, os olhos calcinados, abre-os, e fica uma cegueira cintilante, de onde as mãos saem, num movimento vagaroso de se afastarem uma da outra, como se quisessem abrir, o branco dos olhos ao branco do muro, do branco dos olhos ao branco do muro, um enxame de vespas, e entre eles e elas a passagem por onde, fogem os cães espavoridos, às arrecuas uivam, a transparência enche-se de minúsculas quedas, sentado no muro o velho apoia-se nas mãos incertas, os dedos grossos, a morte é, foi, este engrossar de dedos, o pouco a pouco que os afastou, até as unhas não poderem tocar a pele, um corpo que não fecha, não se fecha, um corpo assim mostra, um corpo mostra-se, como sem porta a ruína de uma casa, o velho não fala, é um sólido lugar qualquer mudez, cão a cão o deserto destes animais sem sombra, que trotam no branco aéreo, devorados pelo seu osso, ladram, ladram, e o osso desenha a pele, na pele desenha o que lhe falta
:
o sofrimento atinge a boca e recorta-a fechada.
:
O verbo e o verme: eis a intimidade de Deus.
Que um velho a percorra, sabe-se lá o que o leva. Da mão esquerda à mesma, completa a sua falta. Sobre o muro completa a sua morte.
A derrocada da hera. Despe.

*

o olhar residual cria
resíduos.
Coisas plenas.
Um bosque de sobreiros.
Uma boca fechada
indecifrável. Teima?
:
O branco necrófago
da luz.
Os olhos quando.

*

Aos poucos um país inventa a sua história, onde repousa a mão que devia atirar pedras, aos poucos os heróis inventam-nos o ódio, os inimigos, a ficção de um presente amodorrado, os rebanhos dispersos pela sede, a erva seca que alimenta um passo após o outro, os amanuenses têm aqui a palavra certeira da traição, vejamos dizem eles, vejamos no ecrã a lenta recessão dos vivos, número a número, sábio a sábio, se embala qualquer fome, o tempo foi-nos construindo a casa com o que sobra, foi-nos construindo a casa no que sobra: os subúrbios de uma cidade devastada, estamos sempre a destruir as nossas casas, porque uma casa não abriga, mostra, uma pobreza inapagável mostrase, no granito, na lata, no cimento, as nossas mãos não sabem, ou sem jeito sabem o que é pouco: lusalite, papelão, contraplacado, estradas e partidas,
:
abre a porta da taberna, está fria a tarde e os corvos saltitam atrás das tuas pegadas, dão bicadas nas tuas botas, empurram-te para dentro com os crocitos, o canto, o cântico dos velhos vem do fundo, Horst-Wessel--Lied, de uma sala fumacenta onde, em volta são borrões, também as vozes que atravessaram vidas, Horst-Wessel-Lied, e agora, atravessam ruínas, Horst-Wessel-Lied, ossos, carne malcheirosa, Horst-Wessel--Lied, a merda nas cuecas, o mijo pingo a pingo, Horst-Wessel-Lied, a pele invade as unhas, o osso invade a pele, Horst-Wessel-Lied, sobre

o osso a pele define, sob o teto a luz não ilumina, mostra, Horst-Wessel-Lied, uma luz morta espia ou mostra, Horst-Wessel-Lied, esta por exemplo delineia os velhos, Horst-Wessel-Lied, como uma palavra muito tempo repetida, Horst-Wessel-Lied, mostra-os a cantar, Horst-Wessel-Lied, batem de vez em quando os pés no chão, Horst-Wessel-Lied, estremecem as bengalas apoiadas nas cadeiras, Horst-Wessel-Lied, algumas caem mas os velhos, Horst-Wessel-Lied, as palavras são muros a que se arrimam, Horst-Wessel-Lied, o canto veio de longe ininterrupto, Horst-Wessel-Lied, como a fome de um verme insaciável, Horst-Wessel-Lied, ou de uma folha onde se risca, a régua e a vermelho, nome a nome, Horst-Wessel-Lied, atrás de cada nome um número claro, crescem os números de alto a baixo, esconde-se uma vida em cada número, que o homem diz como em criança, na escola as vozes em uníssono, Horst--Wessel-Lied, na manhã fosca dos vidros, Horst-Wessel-Lied, o vermelho corre ao longo, da régua deixa um rasto, Horst-Wessel-Lied,
:
sentas-te a uma mesa, pedes um copo de vinho, uma dose de presunto e uma fatia de pão, deves estar à espera, o tempo deve esperar para tu esperares, ou também regressa, o tempo, ao que não viveste mas tão próximo, na ausência da face de teu pai, nas palavras de quem, nas palavras que têm, pedaços de osso, de pele, nas palavras que eram, um terreiro pisado, uma luz que vem do chão e atira as sombras para onde, porque, às vezes uma sombra abriga a parte mais incerta, não a mais secreta, essa pertence a homens livres mas, no terreiro todas as partes do corpo eram incertas, e a sombra tanto faz, estás cansado e sem regresso, não é uma falta, não é uma face nem uma tristeza, é um buraco aberto por um canivete embotado, não, não é uma faca, não é uma lâmina nem, é um canivete embotado, o gume, o lume que rasga, não, não corta, não rompe nem, rasga, a paciência grossa de uns dedos, primeiro furam, depois alargam, enquanto a cara, a língua entre os dentes, o cheiro a aguardente, a bater nas costas da mão e a voltar à boca, ao nariz, o cheiro que de repente, os pelos ralos, louros, que mostram a pele por entre, um cheiro de pele morta, é assim o buraco que é, a cara de teu pai, como um saco de plástico, a sua transparência cheia de lixo, por vezes a humidade interior condensa-se e enevoa mas, o lixo fica ainda mais, vem do íntimo do corpo à pele da mão que abre o buraco, o alarga, com paciência obstinada,

talvez um rapaz louro chegue e te pergunte, talvez não o ouças, rapazes louros vão e vêm cheios de perguntas, talvez a sua cara te lembre, a cama onde te deitaste, um corpo que não vias nem amavas, a teu lado um corpo só, para que a palavra tivesse algum segredo, alguém que pudesses desejar, mesmo que nunca, e cuja única pergunta fosse, o respirar, pausa a pausa, a tua espera.
Os velhos cantam, Horst-Wessel-Lied, sempre cantaram, Horst-Wessel--Lied, são um canto bastardo no asfalto, Horst-Wessel-Lied, no cimento, Horst-Wessel-Lied, na terra pisada da taberna, Horst-Wessel-Lied, no chão de madeira de algumas caves, Horst-Wessel-Lied, e assim regressam à cumplicidade das caçadas, à perseguição dos cães, ao abate peça a peça, porco a porco, carne para ratos e lobos, um dia os ossos tornarão semelhantes todos os mortos, na vala comum do tempo, e um homem sem fome mastigará bocados de pão, enquanto os corvos lá fora se aproximarão da porta fechada da taberna e formarão, na neve de um crepúsculo de novembro, um círculo de nódoas, que alastrará até ser noite,
:
Um deus qualquer fica um pouco mais pobre.
Um pouco mais tarde.

*

Desce o Reno a traição de um barco.
(porém, a terra, onde cai um homem, não atraiçoa)
Um criado, de bandeja na mão, oferece o vinho,
nas margens, os castelos ainda são
palavras sobre palavras, explicações amáveis,
mas está próximo o dia em que as ruínas
serão mudas como incêndios de pó.
E a ponte iniciará a longa separação.
:
Os convidados de quem, descem o Reno,
entre vinhas e igrejas, dirão um dia que esqueceram,
com as mesmas palavras que sorridentes trocam,
sobre pátrias tão próximas. Hoje como hoje,
a traição repete-se num rio.

Nas aldeias bebe-se cerveja debaixo dos plátanos,
os risos dos rapazes espalham uma cinza antiga,
por vezes um pedaço de osso branqueja num canteiro,
entre roseiras a criança chama-lhe uma pedra
:
o ódio regressa à intimidade de cada rosto,
e denuncia,
:
o mostrador recua
I niarpsie ewxyo

*

A europa dos lugares indiferentes, dos aeroportos que se assemelham a longos corredores, fechados a intervalos regulares, por retângulos a preto, o silêncio camuflado de alguns passos, a sombra pintada nas paredes, como nas autoestradas as gralhas nos separadores de vidro, rodeia-nos a mentira, uma voz chama de nenhum lugar, uma voz transparente, que existe como uma casa, não uma casa mas, a minha casa, ou uma macieira, não uma macieira mas, aquela macieira que, no último verão não deu maçãs, ou um lagarto, não um lagarto mas, aquele lagarto que, no dia dos meus sete anos apanhei, bicho verde, com os flancos sarapintados de azul, que se estorcia na minha mão, que abria e fechava a boca, uma voz que é, só uma voz, sem boca nem corpo que lhe deem a imperfeição de uma dor, ou de alguém que lhe responda, esta voz ouve-se como a luz se espalha, nestes corredores penitenciários, luz e voz não vêm de uma lâmpada nem de um alto-falante, estão por todo o lado, estamos nelas, avançamos por elas, e elas avançam conosco, ou melhor, atravessamos sempre a mesma voz e a mesma luz,
:
já não descem o Reno os escritores, nem visitam castelos num outono benigno, mas saem apressados de aviões, entram em mangas climatizadas, enchem corredores com as suas palavras, o mundo para eles não é mais do que uma página que leem entre duas escalas, um tumulto descrito num jornal, viajam de nome em nome através de muitos nomes, de palestra em palestra falam da fome e da guerra, bebem um uísque,

expõem certezas e maliciosas dúvidas, traem-se uns aos outros, afinal já não há pátrias nem mátrias para trair, representam múltiplos poderes benevolentes desde que, poderes que passam de cara para cara, sempre os mesmos sob tantas caras, esta gente carrega uma antecipação, um funeral, um obituário, uma última vez na glória de um telejornal:
tantos gênios a sair da linha de montagem,
gênio a gênio se faz um vazio
:

movem-se de uma cara para a mesma, de uma sala para a mesma, transportando os cães domesticados que ladram a certeza, vão de eternidade em eternidade, morrendo de uma a outra, apodrecendo um pouco, no aconchego dos casacos, do casual dos vestidos e sorrisos, ou no interior do desleixo milimétrico, de gênios um pouco, só um pouco mal fodidos, esperam-nos duas datas em negrito, um longo esquecimento aconchegado numa placa cinzenta de granito, um nome passa a rua, a avenida, perde a raiz um nome no seu nome, um nome come um nome até o nome, na parede cinzenta de uma esquina

*

São jardins estes campos de mortos, sossegadamente mortos, junto ao mar. Pedias-me para ler os nomes e explicar a estrela. Eram passeios que começavam de manhã, e se perdiam em praias desabridas, onde não imaginavas qualquer desembarque. Mas eu nasci colado a um clamor que se apagara, e só ouvia o silêncio de tantas mortes. No interior do carro, ao longo de uma fita a negro úmido, que separava a erva como um traço da manhã, tu perguntavas e esquecias
:
Umas vezes as palavras partem-se,
outras, inteiras rejubilam,
onde estão os cães que ladram em qualquer intimidade?
em que praia desembarcará o medo rastejante?
Em que toca o cimento engolirá algumas décadas
até não apodrecer?
O futuro onde estamos tem a iníqua alegria dos sacanas.

*

A palavra, hoje, mutila.
A palavra hoje mutila.

*

A faca esconde a lâmina na terra:
descem o reno os escritores
:
desce o barco, entre as duas margens,
o outono também, na indiferença das vozes
que murmuram: são como fogo os castanheiros,
enquanto um homem de casaco assertoado
coxeia a sua magreza, e insinua
palavras confidentes, tão longe dos crematórios
que expulsam para canteiros de gerânios e lilases
um cheiro a amêndoa amarga,
a mão no ombro, um braço às vezes na cintura, nada mais é preciso para afastar a suspeita, gente tão delicada alguma vez faria o exercício burocrático, de ordens executadas dia a dia, até à perfeição de um risco, de um nome apagado por um risco, que a cinza de um corpo há de cobrir? O outono do reno faz nascer gestos fraternos, faz esquecer as vozes cifradas que chegam pela rádio, vozes que só querem perturbar a aproximação de duas pátrias, a paz de uma europa, por onde os escritores passeiem sem entraves a sua inspiração, as chaminés das fábricas lançam dia e noite um fumo branco de amoníaco, um pouco ácido, que faz tossir os velhos debruçados na amurada, é o esforço de guerra, diz o homem coxo, um contratempo no outono do reno, um contratempo necessário à paz, gente benigna, esta, que se distrai com ruínas de castelos, enquanto longe, tão longe que, tão longe, outras fábricas lançam o dia todo um outro fumo, fábricas?, e os mortos sobem à vertigem de deus, à grande obstinação cheia de rancor, estas nuvens carregam a secura das cinzas, que escurece telhados, põe nos lábios a falta de um pequeno brilho, enquanto os escritores continuam a descer o reno, na manhã benevolente de outono, são escritores oficiais, para quem o ofício é saboroso, nesta europa comum,

loura, atlética, que uiva pelo seu guia, por uma história de mil anos, e sabe-se, qualquer história tem mil anos de sufoco, uma lei, lugares certeiros de morte, os andaimes equestres, os imperadores balofos, o precário de uma glória coberta de verdete, que espezinha quem une a sua voz a outra voz, quem rasteja onde cagam pardais, mijam cães, e se escondem dias estropiados, ou aqueles que estendem a mão ao frio, a palma virada para cima, os dedos encurvados, sem nunca se transformar a mão num punho, no início de um murro, aqui não há deus, mas quem pede vai de recusa em recusa, de roubo em roubo o império continua, nas manhãs da Europaplatz, burocratas levantam a gola de pele dos sobretudos, sai-lhes da boca um jato de vapor, nem sequer olham os cavalos que esperam, atrelados a caleches, os turistas felizes que se hão de passear pelos escombros de um postal ilustrado, cavalos que batem os cascos no alcatrão brilhante e cagam extáticos, enquanto pelas narinas lhes saem dois jatos de vapor, enquanto eu, enquanto, atravesso os jardins do Hofburg, sem destino cruzo japoneses que perguntam sem destino, perguntam-se onde é, no mapa desdobrado, a próxima visita, a continuação desta viagem, até às chaminés que expelem fumo negro, ou uma etérea cinza, num outono de chuva miudinha, que um velho relembra sentado num café, e que alguns livros contam, arrumados nas estantes, página colada à página, letra contra letra, no aconchego de uma sala aquecida, no Ring os elétricos derramam, no cinzento da manhã, os enormes retângulos de luz acolhedora, de Berlim chega a voz persuasiva que se esconde noutra voz, uma voz renasce sempre noutra voz, mas não sabemos, encoberta que é pelo que diz para fantoches hílares, entretidos com o deve e o haver entre vivos e mortos, entre velhos e novos.
Um número somos todos o imenso número,
a mais ou a menos,

*

a larva come, os anéis do seu corpo distendem-se, contraem-se, um ruído de serrilha invade o mundo: de fome em fome nasce uma árvore seca, o outono dos álamos, a manhã cheia de riscos, um caminho de geada, por entre a imobilidade fina de raízes, os palheiros abandonados, os muros de xisto, tudo restos que o frio incendiou, os movimentos esquivos da matilha, Horst-Wessel-Lied, aproximam-se de quem se esconde, Horst-Wessel-Lied, de quem desconhece que os esconderijos mostram e expulsam, Horst-Wessel-Lied, uma matilha não sabe desistir, Horst-Wessel-Lied, tem na presa o seu alvo, Horst-Wessel-Lied, ou mais um passo para um deus que se afasta? um deus que a sabe toda, milênios de anúncios e de crimes, de promessa em promessa se atearam fogueiras, de prece em prece o vazio encheu bocas e olhos, delimitou campos. Dinamitou. Mas houve quem continuasse a estender a mão e a pedir, de mão estendida em mão estendida se faz esta ausência, Horst-Wessel-Lied, que orienta a matilha, até o gesto infantil da criança, de agarrar numa pedra, Horst-Wessel-Lied, ou de tapar com a almofada a cara do irmão, Horst-Wessel-Lied, as larvas acompanham esta longa viagem, a sua fome regressiva não tem limites, numa obediência à voracidade transumante, convoca todas as palavras, Horst-Wessel-Lied, e dá-lhes a eficiência de um contágio, Horst-Wessel-Lied, e assim nasce a voz ligada à voz, Horst-Wessel-Lied, o braço erguido e uníssono, Horst-Wessel-Lied, o herói, Horst-Wessel-Lied, a frase bronca, *dulce et decorum est pro patria mori*, e tantas outras tantas desde sempre, as fronteiras são os trilhos das larvas, o caminho do alimento certo,

*

na falésia, a erva rasteira acolhe o vento,
o sangue coagula
nas flores salgadas dos chorões:
o corpo mais próximo
tem por entre uma lâmina.
:
Não quero um rio para descer
nem veemente uma voz que me diga.
Não quero esperar
mas não sei qual o nome
de estar aqui sentado
com um golpe entre os joelhos

*

No Báltico, a água contamina
o lodo, a vasa, a lama, uma pedra
que ficou na praia, um bloco de cimento,
uma criança nua que enegrece a areia, o som
de um papel amarrotado. Em setembro
há no velho que passeia a lembrança de um paquete
cheio da antecipação de risos e de mortos.
Pergunto-lhe, mas ele não me dá um nome,
passo a passo a bengala enterrase na areia
onde os seus olhos já não descobrem minúcias. Indeciso, para a cada
desencontro do seu corpo.
E as luzes do barco enchem-se de vozes.
no plano inclinado do medo.
:
este mar não abre
à respiração dos rios
:
uma folha de zinco resguarda.
Ou apaga

*

que traduz uma teia?
Aquele que não se sabe perder, a crueldade de uma casa
onde só as crianças encontram esconderijos
:
que traduz?
Uma teia duplica
a geometria de um deus
que recomeça o hexágono: as seis direções
apontam o grande portão que se abre
para a tarde de outono de uma escolha:
cinza ou a queda programada de um corpo
que tanto mais depressa cai

quanto mais leve. A física progride com poetas:
sorri o homem. A mão separa. Neste fim de tarde
a mão esqueceu os outros gestos, a mão
é um metrônomo, não acelera nem retarda. Marca.
Quanto mais leve, mais tece. Neste branco de pele,
o verniz na ponta dos dedos. Espalha-se um cheiro doce.
A lavanda.
Não se ouve um cão.

*

regressa a um deus que não sabe falar:
alguns homens fizeram do pó uma palavra escondida.
O sangue traduz: o dicionário dos estilhaços
ainda não está completo: aos que voltam,
falta quase sempre um nome:
o sangue não chega nunca:
é um bem escasso na vociferação dos mortos.
Nas ruas de Alepo, rente aos prédios,
qualquer interior abriga a derrocada:
o pó renasce do entulho, os encontros
já não trazem um rosto, mas vultos rastejantes.
Nem abutres. É dia a dia aqui este crepúsculo.
Se da tarde ou da manhã, ao pó falta um sinal.
Por entre: eis onde vivem as palavras.

*

Saltam bonecos de lata neste cemitério,
o amarelo do ocre escurece para dentro
e faz reaparecer a mão
no rebordo de barro da caverna.
Os abutres procuram, entre túmulos,
numa aplicação de burocratas.
Estas aves são brinquedos de corda
ou peças de uma antiquada mecânica

que uma criança persegue com o riso.
:
corre tão perto o rio que não se vê, as motorizadas zumbem, mas os olhos não perguntam nem respondem, brilham opacos como besouros, e esgravatam por entre estátuas de gesso lascadas, na companhia hesitante dos abutres, não há deus que se misture a esta vida: a eternidade é para as grandes esperas saciadas, outros sons mais habitáveis.
Da caixa aberta de uma camioneta, saem pirâmides,
varandas de madeira, o barro dos pombais. Chaminés e fumos.
Aqui, não há tempo para o segredo:
a pausa da cigarra é o instante
de uma vela avermelhada sobre o rio.
:
A Europa está do outro lado, onde os mortos não apodrecem mas repousam, e os abutres, disfarçados de melros, saltitam como pequenas molas, a transcendência porém afastou-nos destes pormenores, Deus é uma distância intransponível, os mortos são uma distância intransponível que às vezes surge maquilhada,
na mão um ramo de urze ou uma rosa,
:
volfrâmio:
dizia meu avô.
E as marionetas caíam
na estepe salgada:
montículos de terra
como os das agúdias nas manhãs de outono.
Pequenos acidentes no terreno

*

O Reno é um rio que não acaba,
segrega o medo, segreda-o,
na tua insônia, a voz da mãe
é uma paisagem desolada.
:
De alguns rios saíram mundos, dizem,

de outros, espessas fronteiras. Casamatas e baterias. Ou homens infestados de piolhos. As pontes são projetos de uma intensa vigilância, e geram tantos heróis que basta a falta de um nome para os acolher, uma laje de mármore, o fingimento de uma candeia de azeite, alguns pardais que saltitam frenéticos e deixam os excrementos na pedra luzidia. Um hino torna as bocas uníssonas. Horst-Wessel-Lied.
Inacabadas

*

Dia a dia falta uma coisa mais a esta casa, de manhã abrem-se as janelas dos prédios, as mulheres sacodem panos de cozinha, ouço alguém a bater com uma bola no cimento do campo, as árvores cortadas libertaram os pássaros, agora os pardais entram-me no quarto e inquirem, o elevador sobe e desce o poço, o tempo para quando uma vespa se cola ao vidro, na estrada os carros chocalham com o ruído desengonçado de ferragens, de repente uma nuvem escurece a parede, e tudo isto deserta, quem não chega são todos os que se amontoam na mais distante parte de mim:
o que é próximo traz a morte como salvo-conduto,
:
Há um lago no terraço do prédio, as gaivotas pousadas no murete são alvos de um atirador que há de chegar, a sua imagem na água tem a luz de uma natureza-morta. O cinzento da arma. Embaixo, no verde pintado do campo, uma criança atira à baliza. Som a som o poste estremece. Enquanto uma sombra resvala, atada por cordas, e mergulha na cintura: a cabeça pende, a cabeça ainda não sabe, para a esquerda, para a direita, na indagação de rastos. Uma gaivota voou: um dente falta na boca do morto. Direita volver. Destroçar. Como vozes, o uníssono dos passos. Horst-Wessel-Lied.

*

o negro não é o negro
de uma noite o negro de uma porta aberta,
o negro de uma árvore queimada, o negro intransponível
do luto, o negro arcaico do cinzento, o negro é a intimidade de todas as

cores, no outono de um passeio no reno,
:

o negro é o estrume do luto,

*

Lá embaixo o Reno, sessenta anos chegaram para um regresso, as fronteiras desapareceram sob o movimento dos batelões, o reflexo ondulado de alguns arranha-céus, as pontes já não separam? as pontes separam sempre, têm uma ruína na sua intimidade, uma batalha, a memória de tantos mortos, de algumas traições, um relâmpago pronto a renascer, no magnésio de uma luz que mostre, como qualquer vizinhança se torna erva a crescer, por entre o esgravatar dos corvos, que na sua fome desajeitada e nas suas pausas negras aproximam os tempos mais distantes, às vezes sobrepõem-nos, passam de um a outro, de um campo esburacado por obuses a um campo lavrado por tratores, animais espertos reconhecem sempre a boa lavra, hoje pousaram entre plátanos, bem perto do rio navegado por barcos de turistas, na modorra de um domingo de setembro, porém, nos seus crocitos há um manhoso renascer, Berlim, Leningrado, Viena, o Danúbio, Varsóvia, são lugares cheios do acolhimento dos mortos, onde a neve tem por osso a lama, e o negro destas aves refulge em jardins privados, ou na relva dos parques sob os plátanos, ou na primavera de um pomar de cerejeiras, ou entre pedras tumulares e estátuas de boca entreaberta por líquenes, ou catam no meio de gente que nada sabe da fronteira entre mortos e vivos, ora do lado de cá ora do lado de lá, de um ao outro carregam o mesmo, por vezes enrolam-se nos pés desajeitados das crianças, ou no céu de verão, espessos voam em círculos de sombra, de repente caem num canteiro, ou pousam no que resta da secura oscilante dos galhos, maliciosos entraram em livros e quadros, frequentam tertúlias, e assim vão escapando, inócuas palavras, aves domésticas, o próximo neles é uma traição, hoje ornamentam os jardins barrocos, as margens de um outono no Reno, ou as brincadeiras dos miúdos, onde escondem a exorbitância dos seus curtos voos,

*

A traição: essa luz póstuma,

*

o anjo da história despenhou-se um pouco antes:
as asas partidas não engelharam, os olhos não esqueceram
mas já não multiplicam o assombro:
as pessoas chegam e passam,
com um pequeno catálogo na mão.
Os instrumentos que serviram a colheita
estão agora adormecidos no celeiro.
Os sinais desapareceram:
uma viagem anuncia somente o que se vê:
a curva do rio refletida na cor do inverno,
as montanhas simples como cenários:
do cinzento ao cinzento, o branco resvala
por entre riscos. Quem não virá, atravessou o pomar, mas o esquilo, com
o seu castanho arqueado, não se desviou.
Os meus olhos sabem, na sua intimidade destruída,
que um rosto só anuncia a sua passagem,
ou um pequeno recuo:
para que os ossos acolham essa morte que parece hesitar,
(a morte por vezes não reconhece
que tudo é a sua sombra,
o seu presente)
mas os olhos veem o desenho que os ossos não param de traçar: sob a
pele e a carne, a régua e o esquadro da sua aplicação burocrática.

*

O negro sêmen dos bodes,
o cio, a baba e o ruído confuso dos cascos
anunciam os destroços de uma corrida.
Máquinas?
São pequenos cortes, as pausas de onde se ergue o pó.
De instante a instante, tudo ganha a rapidez do entulho, a voracidade do

caos: árvores derrubadas, celeiros destruídos, uma pedra inacabada, um
pedaço de metal, um rasgão no casaco, a carne opada que torna os mortos quase todos iguais: gatos, pessoas, cães, ratos: só os pássaros mirram,
num engelho de penas, o sangue no bico entreaberto, enquanto os bodes
se afastam, no galope curto das suas patas, no hirto galope das suas patas curtas, para trás ficam excrementos, torvelinhos de pó onde oscilam
fantasmas, longe, um clarão incerto:
um cerco expulsou-nos: há novos anjos a guardar a porta.
O ar inflamado o que ilumina?
os bodes inseminam,

*

entre duas paredes, uma árvore junto ao rio, na manhã insólita de uma
cidade da renânia, sub-reptícia a desordem espreita a primeira pessoa,
alguém que abra a porta, olhe, e recue, e devolva por um instante a rua ao
seu abandono, depois aparecerão as rolas e os nomes das árvores
:
quero ir, mas não sei. Os gatos, com o pelo sujo de óleo, saem de baixo
dos carros e desaparecem nos jardins. A luz mostra, sem a misericórdia
de um engano:
cadáveres ainda crescem, a cada movimento de um verme,
até ocuparem os nossos olhos.
Há tempos assim,
quando não há
:
o coração bate:
arrítmico, o caos
nas suas bruscas definições.
O coração tem uma proximidade incandescente
que ilumina um rosto desfeito

*

a merda, o sangue, ou somente
um corpo vulnerável

ao vento que se move entre palavras?

*

a um lugar sem muros como se regressa?
Os passos voltam aos passos mas não reencontram.
Quando um pé se levanta
é a dureza toda do chão que se levanta com ele
:
como se regressa
ao mais pequeno regresso?

*

aqui, a transparência é um cerco.
Inatingível a distância de uma casa, de um bosque. Ao rés da terra. Os olhos continuam a abrir-se e invadem, com o seu brilho rugoso, as ondículas geladas do Báltico.
Os olhos são o inverno de um rosto?
Vou, de Katowice a Oswiecim. Valas de lama, pântanos, renques de faias. O plano imóvel dos reflexos. Qualquer degredo, qualquer segredo, distanciam.

*

o braço quando se estende,
sufoca.
A pele não separa,
atravessa.
A pele é uma longa viagem.
:
Sombra após sombra,
a cabeça da lagarta roda
do interior ao interior
da nossa pele. O exterior.
:

Descem aos poucos.
O negro adeja. Desdobra-se. E aflora.
Depois, as unhas.
Por fim, o peso.
A fome saciada.
:
O enigma, no seu trajeto, chegou à valeta.

*

No lar, o vento
espalha a cinza.
Pedra a pedra
a parede respira
o lume enegrecido.
A mão sobre o joelho
devolve ao homem
a porta de uma casa.
:
Absoluta, a noite
nesta mão.
Os ossos

*

A mão do cego distingue a sombra de uma palavra,
mas não a boca que fala.
A mão do cego lê na proximidade da pedra.
Ou de outra mão.
A mão do cego não acolhe, pressente.
Sinuosa irrespirável solidão.

OUTRAS VIAGENS

(partida)

Irrompe, no que se diz, com a tua mudez: o osso, a pele, as sombras que tracejam o teu peito não mentem: a violência já não é um insulto, mas um homem deitado, nu, como se tivesse embatido num muro. Não te podes esconder: as palavras dizem-te, momento a momento. E morrem.
:
Na cama desfeita, o homem de boca entreaberta não consegue emendar: para trás, fica a vala de uma terra comum. O sol endurece num prumo. Um sulco vai do meio ao meio. Um pouco mais além, progride a penumbra do quarto. Uma cama desfeita: desfaz. As ripas da persiana depõem a luz nos lençóis amarrotados e no peito magro. Longe, na infância, alguém diria: escanzelado. A imobilidade do espelho já não reflete: fecha. Enquanto à volta do prédio, voam as gaivotas, afiam uma passagem. Mais abaixo, abre-se uma janela. Mais abaixo ainda, um elétrico num ruído de ferragens. Sobe à varanda o sussurro horizontal das vozes. Como um afastamento. Tudo asfixia. Por isso, volta para trás e irrompe.
:
mas há quem não tenha passado
para nele se esconder.
A armadilha do verão no cinzento imóvel das árvores

*

O tempo foi apagando, o tempo não apaga tudo,
mas torna quase tudo incerto:
morre-se rodeado de destroços.
:
O tempo surge de onde menos se espera:
uma frase interrompida, o pedaço de uma árvore, a transparência de um

rosto,
(enevoá-lo? Mas a névoa procura a nitidez.
Do rancor.
Do incerto).

*

Tropeço. Mancha a mancha. Escrevo: uma letra colada à deformação.
Assim como, assim leio.
Mas acabo exausto. Na desorientação de múltiplos sentidos.
:
Nada ligam, os meus olhos. Como no tempo,
as casas que os mortos dispersaram.
(São assim os mortos: dispersam uma casa,
por cidades, quartos, sons, países, terraços, arbustos de lúcialima.)

*

A forma da luz é o metal. O movimento da foice,
da faca, do machado, do vidro e da água.
De um voo.
:
A luz esconde-nos,
a luz esconde quase tudo.
Ou mostra o grande esconderijo:
o início.
Uma iniciação.

*

aproxima-te do fundo. Da enxada a bater na pedra.
Ou da lama pastosa onde se enterram os pés.
No que não encontrares estará a verdade:
quanto mais fundo, mais nada: uma descida completa.
O fundo é o sítio que os mortos não frequentam com a sua exatidão.
É a exatidão de um sítio.

Um sítio exato nem os mortos acolhe.

*

(Ponte de Mizarela)

Gafanhotos, funcho, rosmaninho, um louva-a-deus por vezes, nas veredas, abrunheiros bravos, de frutos roxos esmaecidos de pó, o de vez em quando de um pássaro desprendia-se e ia perto, embaixo a água entre rochas, recortes no azul seco e cinzento da pedra, a luz estagnava por todo o lado, nas árvores, no rio, na carapaça dos besouros, é assim a máscara, a máquina do verão quando não é interrompida, palavra a palavra ou coisa a coisa ligadas pela névoa trêmula da luz, no fundo de um barranco espera-nos a ponte, a lápide que assinala uma invasão, o número de soldados comidos por varejeiras, o nome dos heróis, quem?, voltar para trás, rompendo a surdina do meio-dia, só as cigarras de súbito dizimam como as mãos nas orelhas, desceste para o rio, e chamavas, deitados numa laje, pés na água, dois rapazes nus, a nudez brutal de qualquer resto, uma lasca de quartzo, os espinhos das silvas, o vermelho poeirento da terra que aprisiona o dia, o silêncio é essa prisão, às vezes tem a nitidez da distância, diz como é longe, como estamos, como podemos, calar, morrer, falar, neste despovoamento, só a respiração, um zumbido que se aproxima. Somos entre coisas. Nem um nome.

*

(o salto)

O portão entreabre o jardim, anjos de pedra, asas partidas, eis uma história que já foi recente. Entretanto nas rugas do mármore os fungos proliferam. Urtigas e madressilvas: a sombra impenetrável. Como uma porta que se fecha. E torna límpido o passado onde uma aranha tece. O sol lateja. Do estrume, sobe o vapor: o rapazinho atravessa-o num salto. Sobre a vala, abre-se um caminho até à queda: as pernas dobram-se. São molas. *Hinauf! Hinauf strebts. Es schweben die Wolken Abwärts, die Wolken...* e as mãos pousam na terra seca do quintal, onde um pessegueiro ramifica.

O fim do verão, folha a folha, resvala. Um nome regressa à boca e inicia o chamamento. Despe. Com a precisão da régua e do esquadro. Despe. Dando um nome a cada peça de roupa. Despe. Até as mãos agarrarem os ombros e os braços se cruzarem sobre o peito. Despe. As palavras chegam todas destruídas. Não é a nudez, são os lábios que não encontram. São os olhos que viram tudo. E mesmo assim. Vão de um lado ao outro do quintal. Como se fosse. Um cerco. Como se fosse. Possível. Por sobre a pedra solta do muro, as oliveiras. Na varanda, sentado num banco carcomido de jardim, o velho observava. As pernas tolhidas pela artrite impediam-no. Era obrigado a estar de frente, para cada gesto que despia. Que me despia. Que me vigiava. A terra seca expulsava. As folhas não tocavam o chão. Brandamente, encarquilhadas pairavam. O muro escondido pela videira: cachos de uvas mirravam esquecidos. Mas as vespas. Tudo era uma ameaça. A videira prende as pedras soltas. Os troncos secos prendem. Na varanda, o velho bate com a mão no balaústre de madeira: a morte tem o som da madeira seca. O rapazinho mija e escurece na terra um pequeno alvo. Passa-se de um, que um?, a outro, que outro? Vêm de casa os ruídos de quem não sabe morar. De quem tropeça. De quem deixa cair o cântaro. Derramar a água. De quem se deixa. Cair. Esquecer. Mas a espingarda pendurada na parede, o polvorinho de cobre, fosco de azebre. Por baixo, severo, na fotografia, da fotografia um homem olha. Há quantos anos esse olhar atravessa a casa, vê a tinta verde de um armário, de uma mesa sem toalha, das cadeiras, do aparador. Olha. Um cão a correr numa gravura de caça, a mancha amarelada sobre o focinho, o tropel dos cavalos, os dois bancos de pedra juntos à janela. A sala, para lá dos vidros, continua. Para lá dos vidros. Ondulada pela imperfeição do vidro. E invade a rua. O rapazinho quer voltar. Que sabe, quando quer? Para quê? Atravessa a casa empurrado pelo quintal. Entra no futuro: as folhas encarquilhadas do pessegueiro. Caíam. Um círculo enrugado por baixo da árvore. O sopro de um movimento. Estremeciam. Sem força, os olhos do velho. É assim.

*

um resíduo. Hesita. Entre um nome (pleno? sempre?) e o indecifrável.

*

(leitura)

Ver. Destrói. Até as mãos, que sobreviviam intactas, estão agora quase transparentes. Uma articulação, uma unha, a negra separação dos dedos. A mão corre e descobre um texto indecifrável, reencontra a pobreza de qualquer início. Mas um risco não encontra outro risco. Um cisco. E a casa não chega a um esboço. A isso chama-se silêncio. Porém o silêncio não. O silêncio não resguarda: é. Dele não se pode fugir.
:
Andorinhas por todo o lado. Cheias de aflição. Constroem os ninhos à pressa. E deixam na varanda grossos pingos de lama. O céu cobre o cimento de uma árvore cortada. A tua vida encontra muito pouco fora de ti. Fora, é uma floresta de troncos secos, ou a noite circundante. Nada ressoa. Nenhuma voz acolherá a tua morte com uma pergunta, ou uma prece: a ração dos sobreviventes. Na rua, apodrece um gato que o carro arremessou para a valeta. Espera. O pelo baço, as varejeiras. Alguém que lhe pegue pelo rabo e o atire para o lixo. E, enquanto espera, a morte endurece. Endurece-o. Hirto como um boneco de palha, ou um furão taxidermizado, baterá no fundo do caixote. Mas. Em ti, a morte há de esmagar o corpo contra o corpo. A morte não terá um movimento prévio. Somente
:
(O casaco afunda-se, as calças mostram as pernas magras. O nó dos joelhos. Nenhuma palavra que te prolongue. Esfria o cartão debaixo do teu corpo. Umas horas. Unicamente umas horas. Enquanto não chegam os arrumadores. Enquanto não chega o silêncio prévio, inabordável, entre noite e manhã. Entre noite e lobo. Uns passos. Um espaço. Passo a passo. Apagam-se as luzes. Até alguém se desviar de ti. Ou. Esquecido atravessarás o dia com o desmazelo da tua roupa. Quem te olha diz: esquálido. Um insulto.)
:
De um modo. Ou de outro. Há sempre uma emboscada. Na cama. Ou no alcatrão. Junto à porta de vidro. Ou no quarto. Com um deus. Ou sem. Com um gesto. Ou sem. A teu lado. Ou em lado nenhum. A companhia de te esquecerem. A morte colou-se a ti, sem uma única máscara. E executa.

*

Urgente. Como se prolongasses o teu medo.
(Qualquer frase interrompida abre a milhares de insultos, à agressão dos que só querem uma pessoa inteira para bater. Têm medo, os cabrões. Por isso batem.)
Urgente. Como se o meu corpo débil não pudesse.
Levantar a mão. Levá-la à arma. E atirar.
Ou reconhecer a muralha, decifrar o momento, o movimento dos lábios. Que palavra se esconde nele. Neles. Ou em mim. Um pouco de osso que impeça. Um pouco de terra escondida. Atravessar. Como o frio atravessa, fixando, o inverno.

*

(quase. Um regresso)

Entre prédios velhos, o empedrado brilha, os buracos, no basalto a água apodrece as tripas de peixe, e o céu é um recorte de telhas. Volto. Mas as vozes perseguem-me com o seu labirinto: são a distância que regressa, são as mesmas. (Quando murmuram todas as vozes são as mesmas). Dizem unicamente uma proximidade que não se consegue alcançar. Volto. A luz é agora um lago, o meio de um largo, com três araucárias e um muro de betão que não resguarda, um cinzento vertical no terreno, cinco metros de sombra, uma noite sobrepõe-se a outra noite, os pés calcam a noite, esta, que range, de areia pisada. Volto. Todos os mortos me abandonaram. E atrás de mim ficou um descampado onde não reconheço. Os restaurantes vazios, o brilho um pouco turvo dos copos, corredores vão de porta a porta, do largo vazio à rua vazia, nós comemos sentados no meio de mesas postas para ninguém, um criado olha-nos encostado ao balcão. Volto. Tu acompanhas-me, com a deliberação de um abandono. O tempo afasta-nos sempre, o tempo nunca aproxima, o tempo revela como se perde. Volto. Mas este retorno escondeu o lugar. Ou pior, dizimou-o, os teus passos dizimaram-no como um estrangeiro dizima a intimidade de uma casa. Volto.
Sem o compromisso da morte, o regresso é um abandono.

*

no presente
qualquer um é um rosto negado por alguém:
:
Os juncos mostram. Estagnada, a água de um lago imperfeito. Minúsculas, aceradas as vespas. Na sua cor, a química da morte é uma turbulência.

*

O silêncio torna-se sôfrego.
A fome dos silêncios cospe. Cospe-nos na cara.

Somos todos o sinal de uma antiga pobreza:
dedada de óleo, a impressão digital da fuligem:
os meus dedos são o que resta da ruína das fábricas.
Aí, aprenderam a vibração das máquinas, os ciclos de uma luz domesticada nos ecrãs que hoje distribui a indiferença pelos nomes. Neutra. Como se uma história fosse clara até o seu início. Mas eu fugi, e escrevo agora para os insultos: os muros têm uma voz próxima e brutal. E entre dois muros nasce sempre um deus. A vigilância. Enquanto um homem, rente ao alcatrão, escapa.
Desde que.
O grande subúrbio.

*

(intimidade)

Nunca são íntimos, os nossos dois corpos. A nudez afasta uma palavra da outra. Dois corpos nus tornam as palavras uma pele sombria. Estou perto de ti, toco-te, encerrado, preso, nesta proximidade. Um gesto. Um gesto é o cansaço de quem não sabe desistir. Estamos velhos: a única intimidade que os nossos corpos criam é a morte: esperamos como bichos resignados. Adormeces. Levanto-me e escrevo. Porque o medo renasce de um quarto de hotel como de uma repetição. Com o cancro da sua pequena diferença. Tão breves, estes sulcos nada guardam. Porém uma cicatriz guarda o corpo inteiro.

*

(Grécia arcaica)

O canto das cigarras, quando a luz ainda não interrogava e as colunas erguiam o passado como o fóssil de uma alegria.
Hoje respira-se o cerco. A matilha não esquece: são peças inteiriças, um som único, uma respiração única. O sangue não coagula, não tem tempo, o sangue é uma devolução: está sempre a correr. O galope. O cavalo. A veia ou a via. Ápia. *Apis mellifica*.
O braço estendido no lençol amarrotado,
a agulha:
o mar entra pela janela aberta.
É assim o meio-dia de verão no mediterrâneo.

*

(Ganimedes)

O mármore enrugou:
como a cara de um velho, a sujidade aprofunda o trabalho microscópico do vento. Ou dos pequenos litófagos. A luz e o chumbo que a antecede. Sob um primeiro olhar, regressa-se para mais longe, até os deuses que gatinham, alimentados pela sua brevidade. O coração dos homens ainda não sabe expulsar, mas os deuses trabalham com afinco, para dar outro nome à viagem e ao sangue. O abutre espera. Os seus olhos têm fome do corpo recortado por um sono adolescente:
a eternidade aproxima, até separar:
dá nomes às cores, chama rubro aos lábios, morena à pele, negro aos cabelos, rosado às unhas.
E assim devora. Bocado a bocado, peça a peça.
Com a voracidade de um bicho

que deixa cair da boca restos mastigados.
No abutre o olho tem o foco na presa. O fogo. Na pressa.
:
A erva cresce e apaga a impressão do corpo.
As ovelhas esqueceram-no:
eis o segundo rapto do pastor

*

(Açores)

Todas as manhãs as osgas regressam ao abrigo dos vasos, a lama seca na esfera de pedra. Nem um riso nem um nome. As janelas entreabrem os quartos cheios de morte. Amarrotada a translucidez branca, suja a intimidade da luz, veios de suor já frio. O outro esteve sempre longe: imagem frágil e inconstante. O outro ocupou a tua voz, os teus braços, o teu sexo. E programou esta morte que a janela entreabre. Sei que os mortos têm uma vida cada vez mais rápida. É preciso substituí-los, dar o lugar a outros mais recentes, ou regressar aos antigos, à persistência assassina da sua repetição.
:
A luz da manhã. É um escopro, vai ao fundo, não disto ou daquilo, o fundo é a merda primordial, a matéria de um homem. E culminará. A navalha no seu refúgio. A carraça nos olhos. Dos olhos. Suga. E cresce a esfera de um sangue negro. De um sangue cujo tempo enegrece. É ele que une o disperso, a pobreza de um parto à pobreza de outro parto. De parto em parto, até à esterilidade de Sara. Ao sacrifício interrompido de Isaac. Um nome contamina o princípio. No princípio. Era o sangue no fim. Seco. Pronto a ser pó, a ser negro:
areia, de basalto
:
as raízes das criptomérias não enraizarão, hirtas como fósseis, a mão (apanhada pela lava) a sair da lava, a mão que não chegou. A abrir-se. Os turistas observam os vestígios do futuro.

*

(Sarajevo)

depois do bombardeamento, o pó
espera a passagem de um homem desorientado.
As ruínas sustentam o ar para que os vultos respirem. Entre duas árvores secas,
o muro branco devolve-te à nudez:
há refúgios assim: despem até dobrar.

*

chegar ao fim: eis o abandono

A velhice torna o corpo transparente:
do íntimo à pele,
do espelho à luz.

*

o que perdemos, repetimos, obstinados,
como um animal perseguido repete o medo.
Ou o avarento a contagem das moedas.
Por fim, o pó. O turbilhão:
casulo de um silêncio quase saciado.

*

O camião do lixo:
na manhã turva,
qualquer sulco é um deus.

*

(casa de repouso)

aqui acabou não sei o quê. Ou nada? Aqui, a mão não consegue agarrar, volta aos joelhos, ao frio do osso. E espera. Aqui acabou não sei o quê. Num lugar qualquer entre Annaberg e Türnitz, há uma grande casa junto ao rio, um corredor envidraçado onde os velhos apanham sol. Há plantas estáticas como naturezas-mortas. Alguém que passa, um visitante talvez, agarra numa folha, quer saber se é natural ou artificial, esmaga-a, cheira depois os dedos peganhentos, e continua, do fim do corredor para o fim do corredor, há o pedaço de uma história que se deixa para trás com um encolher de ombros, sabe-se o fim, sempre, das histórias, de um modo ou de outro todas acabam com alguém a agarrar numa folha para saber se é natural ou artificial, mas por vezes um velho levanta-se do banco, oscila agarrado à bengala, e a bengala oscila, há o fim do corredor que é o seu vazio, um corredor vazio, aqui acabou não sei o quê, mas eu sei o quê, acabou, regressar é impossível, começar talvez, com as pequenas coisas que preenchem, que preenchem não, que enchem porque, o que enche sufoca, o que preenche abre um trilho, e eu nada percebo de trilhos, nada percebo de nada, ou melhor, percebo que respiro, a sufocação respira-me: eis a minha vida, as mãos nos joelhos sempre lá estiveram, porque tens as mãos nos joelhos? se eu soubesse, se eu ao menos soubesse, se tudo não acabasse quando começa, quando começo

*

(escola primária)

de uma letra a outra, tudo se altera,
a palavra torna-se irreconhecível.
Às vezes dizem-me: não percebo. E eu tenho medo. Como dizer-lhes que só o princípio não é o mesmo? E depois? depois, toda a gente. A multidão ululante.
(na escola, ao fundo, no quadro preto, a palavra, estranha, difícil.
— menino, que significa ululante?
E eu, a rir:
— glu glu glu.
— maltrapilho, pé-descalço.

E eu, a rir:
— glu glu glu.
— Rua.
E eu a correr. A correr. Assim me perdi.)
Já então.

*

a violência incompleta atravessa uma fotografia, qualquer fotografia.
:
Não há quando:
um homem não tem quando.
Um tempo qualquer encena o presente.
Eis a vingança de um deus.
De Deus.

*

(desorientação numa manhã de chuva)

a manhã é um dia breve, a encenação de um homem que para na rua, a sua paragem dá-lhe o que em volta o abandona: o vento deixou um tronco partido a seus pés, a chuva é uma tinta negra, escurece o alcatrão e suja o branco das casas. A chuva tem o negro na sua queda. É aqui, assim, que se acaba? Na trégua de um silêncio distante? Num homem desorientado que anuncia o único lugar onde a chuva não brilha? Porque nas folhas, nas janelas, nos telhados. Porque. O brilho não progride. Surge de repente. E mostra o negro que a chuva aprofundou. É aqui, assim, que se acaba? um homem no meio da sua história? cheio de desatenção ao enorme cogumelo no tronco de um freixo, camadas e camadas de castanho ondulado,
:
vejo
:
uma coisa aqui e outra ali,
 como quem abre e fecha os olhos, apago o candeeiro, o quebra-luz, o

calor sem vida do quebra-luz também é uma vida, a vida de um resto de luz, abro e fecho os olhos, é aqui, assim, que se acaba, na intermitência da eternidade,

(ao longo dos séculos, de todos os modos de matar, alguns homens foram atirados para deus, em nome do que nunca perceberam:
aquele não é o meu pai, é o corpo de meu pai; aquela não é a minha mãe, é o corpo de minha mãe; aquele não é o meu amigo, é o corpo do meu amigo. É assim que se deixa de ser: de um lado: apodrecemos, do outro: nada)
:
por cima da minha cabeça, o fio elétrico segura um casquilho sem lâmpada
:
alguém já partiu de um sítio longínquo e atravessou a estepe seca: o pó é um bicho cheio de esconderijos, é aqui assim que se acaba?, alguém oscila, a terra tornou-se um inimigo a cada passada, os olhos também, na sua indecisão, erram, as várias coisas de todas as coisas, substituem-se, não há um desígnio, o acaso regressa no tombadilho de um barco sob a chuva, ou nos comboios de mercadorias, ou num aeroporto cheio de gente, mas poderia ser numa casa de pedra no meio das oliveiras, a transbordar de silvas, depois resta-nos partir, reencontrar a brutalidade de uma porta entreaberta,
:
o osso de qualquer palavra é uma palavra proibida, de sujidade é porcaria, de excremento é merda, de vagina é cona, há um vago sentimento de culpa, uma vergonha, quando as escrevo, são palavras que não ficam bem, estragam a harmonia e a desarmonia, estragam tudo, estão fora, é aqui assim que se acaba? não, aqui recomeça-se, recomeço

*

(a lepra e o lobo)

um deus imóvel protege as suas criaturas com a indiferença. Avança a noite, arame escondido, até a magreza denunciar um longo tempo de hi-

bernação transformado numa faca embotada. Impávida, a indiferença vigia, como um teto de colmo. É um teto de colmo, próximo das palavras que a escuridão parece sussurrar. Mas são só um homem e uma mulher deitados, lado a lado. Silenciosos os aranhiços tecem a macieza dos cantos, os protocolos de um deus indiferente. O lobo espera à porta da casa. No íntimo das paredes, a lepra desfaz, torna qualquer resíduo um luxo, qualquer golpe, um caminho. A espera do lobo ilumina o azul de breu dos seus olhos. Sem resguardo: a morte permanece intacta em todos os seus pormenores: a mesa de pinho, a jarra estalada, a mosca zumbidora. Um deus tornado lobo. Um deus tornado lepra. Onipresente. Corrói e morde. Acoita-se no exército de ratos. Na sombra ampla de um míscaro. Mas escapalhe uns olhos quase cegos. Esse interstício onde cabe o mundo.
:
Os pobres, como os mortos, são a origem de todas as veemências. Embora as palavras lhes assentem como um fato mal cortado.

(neste quarto vazio. Quase. A mão escreve o que se deixa ver. Letra após letra, no palco estreito. Entre branco e branco, refulge. O inacabado. Sob o teto de colmo, o homem e a mulher, jacentes. Sem o glorioso futuro lavrado na pedra dos mortos. Nada limitará o osso a crescer.

Há sempre um pobre com medo: eis a pobreza total.

A mão parou: a letra tornou-se um cadáver:
meticulosa, a indiferença concluiu.
Uma réstia de sol antecipa o cansaço dos olhos.
Volto-me:
imóvel, o braço de A. estendido sobre a cama:
o sangue reflui na agulha.
No sono,
num sonho qualquer,
um telhado de colmo voa em estilhas.

Nem ódio nem exércitos. Só o ruído dos teclados na manhã distante. Os dedos ágeis matam letra a letra. Algébrica: a matança. Por vezes os dedos param, mas não é o clamor dos escombros que se ouve, unicamente al-

guém a perguntar o que vamos fazer à noite, onde vamos beber um copo.
As janelas são grandes e limpas planícies. E observam. As metamorfoses de deus.
Do colmo em vidro.
Do braço nu em frio.
In God we trust).

palavras que não dizemos. Merda, bosta, caralho. Palavras que não usamos. Nomes cheios. Irrespiráveis. Nomes sem frases. Haustos breves. Mas os nomes de Deus geraram todos os nomes, todos os tratados de paz, todas as guerras, a *Summa Theologica*, os sermões de Eckhart, os poemas de Angelus Silesius. Os nomes de Deus têm todas as facas, todas as faces: o homem morto e a oratória que nos cala, o insulto e a adulação, um instante de silêncio e a sirene das fábricas.
Mas há homens que têm nomes cortados, nomes que não prolongam, que não se prolongam.
Toscos: breves: não explicam: atiram.

*

(Arcádia)

Anda o pastor atrás das cabras, animais estremunhados, são a ruína de casas e muros, por mais que o pastor as chame, retornam quando querem, deixando para trás um tempo destroçado, não avançam: movem-se de desequilíbrio em desequilíbrio, semeiam caganitas, o único cereal que tanto cai na pedra como na terra, que tanto cai na erva como no mato. Não encobrem a morte, nem a mostram: espalham caganitas, comem os cardos, por vezes papéis velhos

— quem é vossemecê?
perguntou-me o pastor. Mas os seus olhos, de súbito, viram. E encolheu os ombros.
— enxoteme aquelas cabras. Estão a comer os cardos do sítio onde enterrei o meu cão.
E olhou em volta para que eu não visse.

— os filhos morreram-me também.
Por todo o lado, a alegria desenfreada das cabras. Povoava. O pastor bateu rancoroso com o cajado numa oliveira embravecida.
— o que foi manso, em tempos, virou arisco. Só estes bichos não mudam.

— vossemecê que me quer? A sua cara que me quer? Olhos de lobo, mas já mortiços. Vá à sua vida.
E chamou as cabras. Passava o dia a chamar as cabras. Chamava-as para nada. Por nada. Ou para lhes ouvir os nomes. Só elas se mexiam. Por isso, só a elas podia chamar.

Servem de pouco os nomes àquilo a que a mão pode chegar.
Repete e ecoa.
Dantes.
Ainda. Os restos que vêm dar à estrada. Bolotas, folhas mortas. A secura estaladiça.
— lá está. O meu filho lá está,
Gritou-me ele. De longe. Que é de onde vem qualquer grito.
:
O pastor era a infância.
Remota. Errante.

entre branco e branco, quem procura?
a fome do lobo endurece no inverno o amarelado pontiagudo dos dentes.
Enorme esta fome de toda a carne.
Os tanques deixaram na algidez as marcas das lagartas de ferro. O molde.
O focinho do lobo rasa a neve. Mas não encontra.
Os ossos cavam-lhe no pelo grandes sulcos.

*

(abrigo)

pela noite uma outra noite
avança, a morte

e as suas duas faces,
como um abrigo: esconde e denuncia

*

o vento inclina as bétulas. Mas não as parte: dál-hes somente a pobreza de uma árvore dobrada. O colmo dos telhados esvoaça. Transforma numa injúria cada peça de um homem sem abrigo. O braço, a boca, a mão. Os olhos, esse lençol de estopa. A impaciência de um gesto partido. Perdido. Onde renasce o desencontro. Um gesto assim, enrodilha um homem no passeio de calcário, por entre linhas de erva que um inverno escondido faz crescer. Alguns gatos, cobertos de sarna, têm os olhos vagos de tanto verem. O imenso esvazia-os como o nascimento de um deus. No passeio, o homem não sabe que um movimento qualquer é um bicho-da-seda persistente. Fio a fio nasce o lugar da crisálida: no canto de uma caixa de sapatos um casulo: há fósseis muito frágeis escondidos nos gestos. Um verão de libelinhas mortas: eis a fragilidade maior: quem anda por entre moitas de camarinhas, descobre que a eternidade é um vestígio pronto a estilhaçarse. E a quitina, a habitação de um deus incerto.
:
São risos longínquos todas as crianças junto ao mar. E ficamos a saber que o grão limita a areia (a eira?). Que é um grão que a torna imensa.

*

Escrever não é um refúgio, mas uma subtração.
Um texto apaga-nos.
O assassino irradiante.

Quando os pés se erguem num salto, a terra fervilha de sentido.
A isso chama-se retorno. Ou queda.

São sempre as mesmas as palavras por onde se regressa:
presa na roseira, a libelinha seca:
inseto
incerto.

*

(jardins de outono)

na casa habita uma outra estranheza. Não a das paredes limpas da tua morte, onde eu ainda procurava, mas de alguém que nela passou como um ladrão.

Na neve, o desenho de uma criança revela que os sinais de um segredo são intranquilos.
O teu rosto.

vens ao meu sono, ao meu sonho, ao meu dia,
estás em todas as palavras
mesmo nas que não te dizem,
escondido na morte como um salteador.
Todos os dias tento apagar-te,
mas o teu rosto fica mais limpo nesta matança:
:
cada palavra finge a sua morte
para que o teu rosto fique mais limpo:
cada palavra finge o teu rosto
para que a tua morte fique mais limpa,
cada palavra finge
cada palavra:
quotidiano, o massacre.
:
retângulos de urze, o muro de pedra onde nos sentávamos, às vezes subias a torre, e eu ouvia cá fora o eco dos teus passos nas escadas, por fim aparecias lá no alto, a rir o meu nome, a dizer: o rio atravessa-te.
Faltava muito pouco.

o sol de súbito. A cegueira
oblíqua atravessou a casa. E tudo ficou transparente
como no mar, os corpos

que nunca chegarão.

abro a porta: a secura cai das macieiras,
engelhada. Pelo meio das folhas move-se, residual, a fuga.
De um rato. De um lagarto,
um lapso de medo. Palpita,

os bichos vêm à tona do silêncio.

Tu, sentado na cadeira, perto do aloendro, tens os pés na erva molhada,
no tanque boia a vespa, mas o som, prévio, aprisionou-o
a casa. Ou o sol, entre as suas paredes oblíquas.

a fotografia acelerou a vingança, a viagem? :
a luz apoderou-se dessa eternidade:
manchas no teu rosto. O papel ondulado.

aprendemos com os mortos toda a semelhança:
regressam sempre de igual modo:
entram na cidade das coisas, apoderam-se delas, e assim ficam nítidos.
De pedra ou de barro, de papel ou de cartão, de gesso ou de madeira, os
mortos empecilham com a sua certeza.

Este luto não consegue dar nome a um único rosto
:
acaba sem enigma o último passeio:
branco é a palavra do muro. Vazio. Até cerrar os lábios.

*

(Lampedusa)

a terra não alcança a mão. Convulsa,
a água prende. Enquanto as gaivotas sobrevoam
:

É a morte que nos tira o medo. Quando
só vemos a porta: só podemos abri-la.

*

e na tua loucura reaprende

*

(a culpa)

Na rua, os carros, um a um, separados. Nesta manhã de chuva, os sons cortam como uma faca. A chuva desprende da ameixoeira os frutos podres: pingos de lama caem espaçados na relva. O velho que me observa tem nos olhos o rumor de uma guerra antiga. Eu nasci quando ele iniciava um regresso que ainda perdura. Hoje, disse-me: perderam-se as ameixas. Em redor, o olhar reconhecia um cerco. O seu olhar só reconhecia cercos. Nem as gralhas, neste infindável regresso. Deus sabe muito pouco: murmurou ele ao afastar-se. O sangue: na cabeça do velho crepitava. O incêndio.

*

O crisântemo espera a inclinação da chuva.
Como o cansaço, o peso é um regresso.

*

(viagem noturna)

Ri. Talvez consigas. Mas, embora o tempo corroa os censores, eles são como o lixo: nem isto nem aquilo. E regressam sempre. Trituram. Nomes e nomes. As camionetas noturnas. Passam. A rotação dos cilindros de aço, o movimento das suas pás atravessa a cidade. Todas as noites, pressurosos, os censores eliminam. Deixando para trás um vago cheiro a podre, um rasto, que os cães perseguem, oscilantes, até se perder. Nas árvores. Nas paredes. Nos vidros uma fina camada de gordura. Nos galhos os pardais eriçam as penas, enquanto as ratazanas entram nas sarjetas. Por um instante. Como a morte. Que passa. De morte a morto.

*

(Ganimedes)

Deformada. A cabeça. O cão devora. O osso branco raiado de sangue. A carne fresca. O cão esqueceu o rebanho disperso. Como num amável poema. Esqueceu as corridas atrás das ovelhas. E devora a cabeça do pastor. O dia seguinte explodiu na sofreguidão desta fome, destes tempos, em que os caminhos se tornaram subterrâneos. Vazios de sombras e de sons. De vento.
:
A baba é a linguagem da fome. Sem interrupção. Da boca à cabeça destroçada. A luz viscosa: une. Qualquer fome: une. (um deus qualquer: desune). Um carrasco: une. Nos dentes do cão o desejo redobra. Mastiga. Desdobra. Desfaz a meada de visco. No espelho deformado, a pele dá-se a uma geometria enfurecida.
:
abstrata, a fome, nas bocas saciadas.
Nem um lobo que se atire às goelas destes bichos fartos.
Falam. Reproduzem. Como térmitas:
o oco de intermináveis galerias.

*

(louca)

Ouço-a atrás de mim. Não é ela, mas a voz que se arrasta. O réptil insinua. Todas as vezes por dia, quando eu passo. Que palavras são, perdem-se num murmúrio. De quando em quando, liberto, um nome escapa-se, com a nitidez do que não se esquece. E ultrapassa-me. É um nome próprio, a simples irrazão de um nome próprio, a mágoa de um preâmbulo. Por vezes o sol: e a louca torna-se uma sombra à minha frente.

Não me persegue: tem aqui a única proximidade.
Nestas manhãs que vão até o fim do dia,
a rua sem ninguém aumenta a distância.

*

(sementeira)

o tempo de um rosto, a subtração da lavra, campo após campo, estevas, cardos, musgo, urze roxa, tocas de lagarto, grilos, campo após campo, paralelos, fundos, os sulcos do arado preparam, campo após campo, o milho vai crescer à mesma altura, tem na semente a mesma altura, o mesmo número de grãos. O mesmo tempo. Esta lavra, esta lava?, anuncia:
a geometria escondida de uma rasoira.
:
O ruído mecânico da morte, que trabalhou com burocrática pujança o crescimento da seara. Também um rosto: o que nele vejo, o que nele aprendi. A vida toda esta aprendizagem
:
tudo é um caminho para o poço, entre silvas, para um rapazito que procura amoras. As mãos arranhadas, um sangue de alegria. Um poço com as suas avencas. É assim o rosto. O rasto. A infância de um nome. A semente.

*

(fala ininterrupta)

O desprezo quando. Há bocas que desconhecem uma pausa. Há o crescimento ordenado de um tumor, palavra por onde o homem não consegue respirar. Um fio de nylon. Que retém, morta, a luz.
Ou: a luz flexível da morte. Repercute?

*

(apanhar cogumelos)

A canalha gosta de cogumelos.
Entre vida e vida, alastram.
Sombras, que nem os vermes.
:
A canalha gosta de cogumelos.
A matemática de um erro:
atravessa a equação do mundo
:
vai cobrindo o muro
vai cobrindo o mundo,
dissimula
como a traição
o traidor
:
dissimula como
o traidor
a traição

*

(escrita)

em simultâneo. Tudo converge. Para um relógio. Enche a brevidade das suas estações. Obstinada, a morte há muito começou a medir. O melro saltita no terreiro. Vai de um arbusto a outro. Mede, também. O verde molhado das roseiras cerca, um laço que o vento quase desfaz. As ameixas caem, turvas. A chuva opaca. Turva. O melro por entre. A morte refugiou-se na sala, na mão que as palavras despertam. O movimento brusco: uma paragem: gelhas, arranhões, o violáceo das unhas, de repente,
abrigam o terror
que se julgava perdido.

*

(DMI)

É na periferia que conseguirás perceber. A mácula dá-te unicamente Deus, a Árvore, o Mar, o Inseto. Os nomes que amarram a terra e o peso são outros. E imprecisos, para o monstruoso olhar de deus. As maiúsculas têm uma fome insaciável. O deserto.

*

(o segredo do pedreiro)

Um charco. Não um pântano sem cegonhas nem patos. Nem juncos. Margens de lama, no meio de prédios, roupa a secar nas varandas. Os poros da casa iniciam. Indiciam: há tanto tempo que perdemos tudo. Os poros da casa estavam já nas mãos do pedreiro. E ele transmitiu o seu segredo, pobre, que se desvenda em cada grão de argamassa a cair, em cada mancha de bolor. A grande maiúscula abriu, com a sua fome, esta porta

*

(queda)

no abandono,
só o peso encontra. O seu ninho.
:
Nidifica. Onde calha. Sem desvio,
cego, o peso cai. Onde calha:
dois ramos em forquilha, o cocuruto de um pinheiro, a rua de uma cidade qualquer, a cabeça de um homem deitado no passeio, a mão aberta no cimento. Porque. Há um peso que por vezes escolhe: a bota.
:
O vento no arame farpado. Em estrias, o som.
Eis o que respiramos.
A dor ensina. Ao corpo, a queda.
Brutal.
Como a transparência
de uma casa.

*

(uma criança procura)

Foram campos. Hoje, de cimento: órbitas por onde entra, em negro, o dia. Nessa fronteira, a cara de uma mulher a chamar: um nome na rua vazia é um instante de sombra, de súbito. Vagarosa, a mão limpa o cuspe, a boca: o nome não encontrará o regresso. Nem outro nome. Um nome perdido, até se desfazer
:
o miúdo esqueceu-se entre cardos. A levantar pedras, a correr atrás de lagartixas. Mas por vezes o nome não se desfaz: é um novelo cheio de nós, emaranhado.
E a criança ergue a cabeça.
:
O cimento aprofunda as paredes, esboroam-se as molduras das janelas. Todas as ruas abrem para descampados, onde qualquer dia parece de chuva. Sacos de plástico. Trapos. Uma criança procura. Por vezes, encontra o que rejeita. Mas prossegue: um deus qualquer ainda não fugiu.
O que resiste num deus é uma criança que procura.
E não ouve quem a chama. Arde.

*

(manhã de domingo)

Nem o saltitar do melro, nem o passar dos carros, nem o zumbido das abelhas. O relógio. Como se medisse uma imensa paragem. A mão escreve. Mas os olhos veem a teimosia de uma palavra que não se deixa escrever: a insensatez dos pequenos destroços: eis o silêncio de quem persiste, de quem não chegará. De alguém. Que é a forma mais desesperada dos que estão sós. Alguém confunde-se com alguma coisa, por exemplo, a mesa, onde nos habituamos a pousar a mão, ou a porta de vidro, ou um ouriço no caminho. De vez em quando, os olhos desviam-se para o jardim: o sol refaz na erva a luz. A maçã quase escondida. E todos mortos nas suas camas de domingo, enrolados nos cobertores, o cabelo

sujo de despenteado. Uma fresta de sol no quarto: mostra: o dia há de ser muito lentamente. Até a pequena cobra se escapar junto ao muro, num falso ruído de verão.
É assim, o domingo, com os seus mortos que tardam em ressuscitar.
:
A violência de um reflexo.
O som do relógio é o único regresso. Vem da parede. É a parede. Sai dela. Como de um espelho, quem nele se vê. Nos olhos a mais antiga arma: uma criança obstinada.
Golpe decisivo.
:
Tudo fica nítido nos espelhos:
o engano ilumina.

*

(leitura)

Os voos ficaram baixos sobre a neve. Como se saíssem da neve, os voos regressam. Pela manhã, têm o peso da fome. Instáveis, mancha a mancha, procuram. Também assim deve ser lido um poema.
:

A luz vem do fundo até o frio.
E finge a transparência de uma casa.
Maldosa, a besta espera. A distração.

*

(bestiário)

No alto do poste
a gralha observa.
Curiosa,
a cabeça não para.
O alfinete atravessa-a de um lado a outro: os olhos

O ouriço esmagado na estrada:
entre um espinheiro e o sangue. Ainda interroga.

*

(escrita)

A minha letra regride até à infância
para que eu possa recuperar a dor mais antiga.
Se a libertar do desenho infantil, descobrirei uma faca.

Tudo:
em simultâneo. Um corpo e a morte.

*

(espeleologia)

Desci à cave: há lesmas nas paredes, folhas secas presas em velhas teias de aranha. Mirraram cinco maçãs na prateleira. O cheiro de um rato morto. Insinua. Invade. Veios de umidade como raízes. O bolor estria as paredes, mostra a algidez do branco. A tinta fresca. A metamorfose do cheiro. Só as lesmas, no seu movimento vagaroso, na sua quase paragem, deslocam um pouco de brilho. De onde a luz? Aberta, a pequena janela deixa entrar toda a morte do jardim, na grande fossa séptica.

*

Não transigir: cada palavra deve ser uma pedra.
Limpa. Impossuível.
:
os pedreiros sabem-no.
Esses mágicos.
Partem-na. E mostram de novo o segredo.
Quem o vê?

*

Uma palavra é avara de uma certeza. Não a certeza da ordem, mas a de um objeto único. Que nela habita:
animal cheio de tentáculos.

A viagem tensa, entre o que não tem nome e a boca que unicamente sabe dizer. Até à imprecação. Terminal, mas ainda. Como a cauda de um lagarto, enigmática move-se separada. O lagarto morto, ao lado.

Aprende a prosseguir. São os pés, os cascos, a geometria de um corvo, por vezes o sangue, ou o intermitente rasto de uma víbora, que dão ao pó, às pedras, a intimidade (a hesitação) de uma travessia.

*

Um caminho tão largo que eu não saiba andar.
Um caminho alarga.
Há quem se sente num marco geodésico e diga:
Deus.

*

Uma doença escolhe um nome, após outro. Até encontrar, inteiro, o corpo. A brevidade da sua estátua. A eternidade da sua ruína.
:
É translúcido: o medo.

*

(o riso de um deus)

A gralha resume:
negro, um pequeno clarão
deforma.
O riso. De um deus.

Entre palavra e palavra,
o terror constrói o terror com as suas agulhas:
a miniatura de um homem. E as pátrias exultam,
enquanto os deuses, na manha da sua eternidade,
na manhã contínua da sua malícia, riem,
o pequeno riso de uma criança travessa.

*

(alimentação biológica)

Aqui produzimos cogumelos. Estufas de plástico e vidro. Um sol translúcido sobre as pequenas explosões. Estes armazéns metamorfosearam o terror em alimento. Julgamos fugir porque apanhamos os míscaros antes de apodrecerem. Mas o que neles se vê, já é uma carne morta. Crescemos com ela. Às vezes, porém, um grande tumulto: uma crisálida desperta em movimentos convulsivos. Gera. Fiapos de plástico, vidros partidos, armações de ferro destruídas, armações de cana. Gera. O arame, chaminés de tijolo. Ou. A bala tracejante. A rapidez do som. Gera. Filas e filas de mortos ou. Num camião asfixia-se. Gera. O trabalho dos motores. Ou o ar zumbe e explode. Explora. O napalm incandescente. O corpo nu da menina a correr. As florestas de árvores desfolhadas. Bermas revolvidas. Gera. O que havemos de lembrar está nos olhos do produtor: zonas cegas onde a morte ficou inacabada.
:
Todas as ruínas são iguais, todas apagam a casa com um esboço de casa. Um homem com o esboço de um homem. Uma data, com um soldado anônimo. Nem um herói sequer, esse outro modo do engano. Não um engano. Na morte perdem-se todos os nomes. Gera. Como um cão à procura de um osso. Fareja. É para isto que lhe chega o seu pouco de vida. Só para isto. Tudo parece diferente. Mas para o cão tudo tem a equivalência do osso.

*

Voltamos ao erro. O corpo, o mesmo, cresce. Nos objetos que fabrica. Nas pessoas que. Um corpo não interrompe a sua vocação. Não consegue saciar-se. Um corpo torna-se único. É o medo: diz-se. Aplana. Do mesmo ao mesmo: só um relógio. Não o fulgor. Mas o brilho que se estende no plástico. Ou. O brilho do plástico. Resiste. Reside. Resíduo. Total.
:
Vai. Só os mortos te amaram. Como todos os que entram num atalho, precisas dos mortos para sair dele. Quanto mais longínquos mais te amaram. Até à distância total: a tua morte.

*

O esquecimento: a grande lixeira.

*

Somos bichos: fodemos, masturbamo-nos, e nos intervalos acreditamos em Deus, no Outro, na Obra. Somos bichos, com alguns clarões pelo meio da nossa fome. Quando nos saciamos, sub-reptício, reaparece Deus.
Há homens veementes que espalham este nome.
E incendeiam com as suas maiúsculas.

Um espinho. Pouco a pouco.
Sem vertigem. Enterra-se na carne.
Infecta.

*

(encontros furtivos)

Não vamos tão longe. Próximos, muito próximos das vagonetas carregadas do novo minério. Dir-se-ia. Dir-se-ia o quê? As estações são miniaturas de uma grande paragem. Linhas férreas quase tapadas pelo trevo, um ou outro quintal que apodrece frente a velhas locomotivas. Um homem não procura outro homem. Encontram-se. Como se a repetição do futuro os encontrasse. Talvez procurem, um no outro, a parte nua que a mão descobre. Talvez uma palavra a medo, para logo divergirem. Não têm sítio de regresso. Como não tiveram de partida. A rapidez de um encontro. Que os afasta até não os vermos. O mesmo sítio afasta-os um do outro. As vagonetas paradas são a espessura desta noite. Onde os corpos só querem. Corpos. Maldições. Sabemos o quê? Da alma e da beleza, de deus? Continuar: é isto que sabem. O que sabemos. Quando um corpo toca outro corpo, a mão interroga: o sentido é um minúsculo sobressalto: cada vez que paramos, ouvimos. O quê? Ouvimos tudo. Depois, só os descampados por onde se foge.

Havemos de chegar a um portão enferrujado. Geométrico o jardim com as suas áleas, buxos, renques de plátanos, canteiros de rosas, no meio de uma estátua com um dedo partido. E crianças sentadas na relva a ouvir.
Es ist vollbracht.
É uma voz que interrompe,
com a desolação outra desolação.
:
Um silvo: por entre silvas. Cachos de amoras, pesados de vespas:
são as margens de uma estrumeira.
Esta.
Es ist vollbracht.

*

(o braço estendido sobre a cama)

Nem um muro: uma noite contra mim:

minuto a minuto: o sentido de cada palavra explode.
Homem incompleto. Morte incompleta.

Trabalha com afinco: uma ruína é
de todas as estátuas a que mais demora a cair.
Uma ruína é. A minúcia da coisa nenhuma.

Não se consegue destruir: calcamos, partimos, separamos.
E os destroços recomeçam com a aplicação de burocratas.
Uma ruína tem
uma memória violenta e inapagável:
o fóssil de uma cidade incompleta.

Por que não cuspir na cara de um primeiro-ministro, rir-se um gajo de deus, mijar no túmulo de um bispo, deixar a veia entrar na agulha, até o líquido escaldante emaranhar?
:
Porque não começar a viagem, num comboio de mercadorias, na ferrugem de uma linha férrea? Porque não gritar todas as palavras que ferem? Que fervem. No cadinho de folha de estanho?
:
O vazio do braço estendido sobre a cama. O lençol encardido. Vemos um homem que não voltará a ser lembrado. Suja, a luz flutua, no silêncio das partículas de pó. Na manhã entreaberta. Avança como um tumor: cresce o início, a dissimulação. Prolifera e avança. E mostra. Como uns olhos que se desviam.
:
Os olhos de deus, na sua maldade. Desviam-se e mostram.
Campos cercados, trincheiras, sonâmbulos, o fumo a sair de altas chaminés.
Um braço estendido sobre a cama.

*

(O jardineiro de Auschwitz)

o som da água no açude. Entre dois vidoeiros nadam os patos: é como se voltasses atrás. Não sabes porque, não percebes. Lá para onde és atirado, nem sequer havia vidoeiros. Estás sempre a regressar: a indústria da morte produz continuamente um pequeno recuo. É limpa, a indústria da morte. Limpa como o crisântemo, um só, no canteiro devastado pelas roseiras. Limpa como o desenho curvo das suas pétalas. Curvo, esse pequeno corpo mutável: lagarta? unha cortada rente? ou esquírola de osso? São

muitas as máscaras de um nome. Em cada uma delas renasce o começo.
E é contra ti que renasce. Sempre o mesmo. *Annus mundi*. Acompanha-o
o som da água no açude. A água ferida pelas asas dos patos. Que voam
entre dois vidoeiros. Mas havia vidoeiros? O crisântemo matinal, esse, foi
crescendo. A garra das suas pétalas? Ou é só o plástico a fingir um sutil
apodrecer? Habituamo-nos aos canteiros de rosas, ao jardineiro que tem
o silêncio na enxada. Ao ruído dos exaustores, como um sopro de vento
sobre a terra dura. Amorosamente: eis o que pensa a mulher que o olha
da janela do primeiro andar. Amorosamente, o jardineiro semeia a sua
própria morte.
Ou poda os galhos secos das roseiras, limpa-as de pulgões, arranca-lhes
as folhas que a geada crestou?
E a cinza floresce no canteiro.
:
Tu vês. Nunca deixarás de ver.
:
Um arrepio, o homem ajoelhado. A terra invadiu-o, tornou-lhe os contornos imprecisos, transformou-o num borrão. Os joelhos calcam a terra, mas os pés, na sua progressão, revolvem-na de novo. É um arado, este homem, uma enxada. Semeia? Ou vai de roseira em roseira? Do crisântemo ao crisântemo? Ou arranca. Vai arrancando, até a solidão de uma única flor, a apodrecer no seu branco? Na janela do primeiro andar, as mãos. Fecharam-na. Ficou uma parede lisa.
Alguém faz tiro ao alvo:
a corda do som vai emaranhando.
:
Um braço vazio estendido sobre a cama, replica.
Como um vírus, esconde-se nas suas máscaras.

*

(o uso da metáfora)

As metáforas servem para se sobreviver.
Deus não é uma metáfora. Mas a exata impronunciabilidade.
Nós semeamos essa exatidão, deixamo-la crescer, e abrigamo-nos nela:

dizemos: vidoeiro: e calamo-nos. Dizemos: granito: e calamo-nos. Dizemos: ouriço: e calamo-nos.
Para cada coisa há uma morte na vida. Na nossa vida. Dizemos: terra.
Dizemos.
E abandonamos.
:
Aprende-se, com deus, a indiferença do assassino.

*

(um encontro, rápido, com Pessoa)

O olhar de deus demorou-se sobre as coisas:
é esse o mistério das coisas.
Ou a desolação de um braço estendido sobre a cama.
A veia pulsa. Diz-nos. Que o homem deitado
há de dar um nome
ao seu abandono.
E então. Então, o quê?
Então, merda.
:
No soalho, o sol foi recuando.

*

Só a acumulação diz
da acumulação:
a lixeira lê a lixeira.

*

As mãos não conseguem. E regressam à pele de ninguém: o branco enrugado do lençol. Desfocada a paisagem nos vidros da janela: o teto de colmo voa em estilhas, as gralhas, de macieira em macieira, separadas. Todas as horas são um dia encardido. O colmo é ainda mais distante que deus: não tem um nome para o impronunciável. Não há impronunciável:

colmo é colmo, desenha-o o frio do inverno. Um rasgão.

*

O último caminho leva à tua pele. Eis a lupa: os dedos:
transparência que o uso não embaciou.

*

O regresso faz-se divergindo.

*

A noite concentra-se no brilho dos olhos do lobo, o azul matinal da perseguição, o medo despedaça, cada parte do corpo dá a todo o corpo o
mesmo nome, dá como quem tira, um engano, uma trepadeira no muro,
sob ela esperam os animais humílimos. A derrocada.
:
Somos órfãos de uma grande fome.
E assim escapamos.

*

Quem separa,
encontra o desamparo,
entretanto, Deus
semeia maiúsculas,

*

(o regresso do pai)

A manhã. De cão em cão, afasta-se,
embora a noite ainda persista nos resíduos, nos sacos de lixo empilha-
dos junto aos contentores, nos jornais molhados no alcatrão. Uma porta
entreabre-se: e fica distante. Um vulto.

:
Ou a cara do pai.
Os cães deixaram para trás os uivos.
Violenta, a primeira vez. Do espelho. Do espanto.

*

A parede acolhe. De cal, a noite
que liga. Um clarão aos olhos.

*

O branco estende-se
até ser no muro uma habitação completa.
Uma nogueira antecipa o largo vazio.
Curvadas, as mulheres ainda apanham as nozes na erva rala.

Cão a cão há de regressar. Regressará sempre.
Regressarás cada vez mais.
Até me sufocares.
:
Apareces. E desapareces. A intermitência de uma noite contínua.
Mesmo com um corpo junto a mim, reapareces. Quando ele dorme, reapareces. E dás um nome terrível ao meu sono. Reapareces no cão transformado no seu manquejar. Reapareces quando. Quando: é o tempo a mostrar-se. Para que tu reapareças. Mais desatento, pleno da minúcia da indiferença. Como se nunca. Ninguém tivesse olhado o teu rosto. Nem eu. Nem tu a mim.
:
No vazio de um braço estendido no lençol.
Reapareces.
:
A cal dá o muro ao negro. Estou aqui sentado. O brilho da pele. A areia nos olhos. O colarinho da camisa a raspar o pescoço. É neste corpo que a noite se refugia. Se refaz. Nos punhos. Que sobem pelos braços. E mostram os ossos, não os braços. Mostram na mão os objetos que a

repelem. O branco da camisa: relatório de uma denúncia. Que sobressai
como uma ligadura sobressai. Não esqueci, mas os mortos substituem os
mortos para que os sinais permaneçam. São grandes pilares, os mortos,
de uma ponte que se prolonga. Ou móveis escassos. Pesados. Que a casa
devolveu.
Até à renúncia.

*

(a louca)

A árvore anuncia
enquanto as folhas caem uma a uma:
a crueldade de um preâmbulo

um cão persegue a voz:
a demência.
A veemência?
:
a mulher fala para a sombra à minha frente:
— meu queridinho, responde-me.
Merda, merda de cão sob as folhas secas dos plátanos. E a sombra vacila,
afastase da minha sombra, sem um peso, sem um som, a mão escurece
o empedrado,
— meu queridinho, meu queridinho, és tu, eu sei que és tu, não finjas.
Não consegues morrer.
Como um texto inacabado,
não consegues.

*

(arte poética)

Há manhãs que transformam a cidade em abandono:
nem velhos apoiados nas bengalas. Nem alguém que diga bons-dias.
Os gatos são expulsos dessa paz que rasa os prédios. E ficam perdidos
nos passeios acabados de lavar. Dos carros parados, o orvalho escorre.

Silencioso, mostra com a ferocidade de uma lupa: os riscos mais fundos, a chapa amolgada, os faróis partidos.
O negrume dos freixos que expulsa pardais e irradia:
fecharam-se, estas árvores, nas suas fraturas.
:
A manhã afastou do meu corpo os sinais que o tornavam real. Nem o calor da pele na flanela da camisa, nem um dedo que roce noutro dedo, nem o joelho na curva da mão. Nem. No ecrã só as palavras, que vão aparecendo, dizem que um corpo existe, que um corpo tenta reconhecer-se. Fica entregue a si próprio. E escreve essa entrega. Como um silêncio se entrega a outro silêncio. Mas as palavras são uma luz tão concentrada que escurece. Nítido, só nítido, o negro. Não intenso, nem pujante, este negro é. A sementeira ordenada de uma incerteza. Os múltiplos acasos.

Raso as teclas e vejo o grande desacordo. Porém naquilo que não vejo (o ecrã?) renasce a boçalidade de cada certeza. A tirania.
Como apagar tantos sulcos?
O cotovelo pousa na mesa:
e a água no copo oscila.

*

Um homem sentado numa cadeira, um homem cujos olhos não sabem tentar. É isso a desordem. Esse homem sou eu. A mão que desaparece quando se estende o braço: um galho partido dá um corpo partido. De um homem assim espera-se unicamente que fale com maiúsculas: Deus, Ave, Bem, Justiça. Mas o seu corpo rasteja sob a mão, não é o Corpo, tem a doença em cada momento da pele, só ela escreve sem maiúsculas, podem perguntar-me: por que falas tanto da morte? E eu responderei: porque tudo está demasiado próximo. Sempre esteve. Por isso nunca percebi essas palavras arrogantes: falavam de Deus e eu não percebia, falavam do Bem e eu não percebia, falavam da Glória e eu não percebia, como se uma voz anônima as dissesse de muito longe, mas, para mim, longe era somente onde deixava de ver a minha mão, e com o seu desaparecimento eu ficava preso a pequenas mortes, a pequenas mutilações, indiferente

ao medo, vivia um desengano inevitável. Não há a Verdade. Há unicamente um olhar que diz o que vê.
Mas os olhos dos cegos, os olhos
de quem nada vê
são temíveis,
são olhos limpos de morte, olhos
que não cercam, não cerceiam. Olhos
sem outros olhos, veem o muro que os ciprestes não ultrapassam, o imenso clarão.
E dão-lhe os nomes todos da cegueira.
Dou?

*

Escrever não elimina o sofrimento: aprofunda-o.
:
Escrever não ilumina: escurece.
Cria uma sombra que procura o seu duplo. O corpo. Um corpo que não há.
:
Toda a escrita é uma palavra destruída.

*

(o lixo acumula-se)

a noite é o grande depósito, o dia expulsa como uma máquina centrifugadora, é de noite que os homens param, sem um esquecimento, param com a exatidão do dia seguinte. E o lixo acumula-se. A verdade é luminosa e expulsa, qualquer verdade é sempre a Verdade, à noite sabe-se lá o que é a verdade, só há homens sujos, alguém a vomitar contra a parede, silêncios tão espessos, o do vômito a cair no empedrado, o do rapaz que limpa a boca e escorrega pelo muro até ficar sentado no passeio, merda de vida, é o que ele diz, estou fodido, palavras que o dia expulsou, mais acima num último andar qualquer, e qualquer andar pode ser o último, um velho deitado na cama tem os olhos abertos, ele quer fechá-los, mas

não pode, o medo não deixa, toda a noite este bicho persistente, qual persistente, teimoso é que ele é, e só pela manhã o velho consegue fechar os olhos, porque julga que já não pode morrer, falo do velho como se ele fosse outro, o outro, mas quando temos medo somos todos velhos, o outro é a sufocação do que está próximo, é o lixo a crescer, à noite os caminhos parecem tão diferentes, mas é só um engano, acabam sempre num homem parado, sem o dia seguinte, à noite atravessa-se a linha férrea sem olhar para a esquerda e para a direita, sem ouvir nada, ou só quem está ao nosso lado, o braço à volta da nossa cintura, a falar do dia seguinte, e no dia seguinte apanharão o que resta de nós espalhado por carris e chulipas, choram-nos para esquecer, com a pressa de qualquer eternidade, e o lixo acumula-se, que vem a ser isto? gritam os apressados que vão para o emprego, na manhã da eternidade, isto: são os restos de um homem, cada um à sua maneira tenta escapar, mas há ali um gajo aos bocados, e o lixo acumula-se, é preciso limpar, é preciso estar sempre a limpar, a eternidade caga que se farta, felizmente há a noite, o grande depósito.
:
Tudo isto, a propósito de quê? perguntam-me. Sei lá.
Vi esta noite um gajo a dormir à minha porta, às vezes vejo outro a mijar contra a porta fechada do café, o mijo é uma mancha escura na madeira. E mostra, mostra o quê? mostra uma porta fechada, mostra a noite, mostra-me parado a olhar, só insignificâncias, escrever isto para quê? sei lá, e a beleza? sei lá, e a pátria? sei lá, e o amor? sei lá, e o próximo? sei lá, poderia dizer: o próximo é isto, mas era uma grande impostura, um dia alguém num anfiteatro denunciará esta grande impostura, e teremos uma impostura maior. Vou ali e já venho.
:
não tenho forças para não escrever, para que a minha raiva se torne um gesto. Este é o tempo dos gestos. De vez em quando, é. Muitos já o disseram como eu. É a covardia mais reles. Aqui, sentado. Sem conseguir não escrever. Usado, ofendido pelas palavras. E mesmo assim continuar.
:
os miúdos diziam uns aos outros: és uma fábrica de merda.
Somos todos.
Deus ri a bandeiras despregadas. Sem tino. Sem tino.

Um deus sem o dente do siso.
:
o medo vai até onde pode. Até onde o deixam.
Nada: é a sua arma.
Mas a coragem, essa. Milhões e milhões de mortos para trás. Míscaros e
outros alimentos sombrios. Espreitam por todas as frestas. Miscradores.
:
Cada vez mais, as trevas. Cada vez mais algumas
palavras. Como vagos sonâmbulos.
Atravessar os pequenos silêncios.
Com um silêncio completo.

*

Procuro. A frase de uma última palavra.
A ave migrante que ligue dois abandonos.

*

Um cão ladra a um longo crepúsculo.
A noite de um cão: atravessa.

*

A solidão de um homem é a intimidade de Deus.
A sua habitação.
E repete um início:
que se faça o deserto.
E a areia nasceu:
E dela se fizeram todos os dias.
:
todas as noites. O meu corpo: por todo o corpo.
É assim o coração. Um sinal. Da morte, a sua intimidade.
:
De mim.
Ou para mim.

É sempre contra mim.

*

(tiro ao alvo)

Queira ou não. Um alvo cresce. Até não se poder falhar.
Um ponto cresce, em círculos concêntricos.
Concentracionários.
E desenha o esboço de um homem. De uma cabeça.
Depois, alguém atira.
:
O dedo (a mão?) sabe a leveza do gatilho.
Todo o corpo sabe.
Todo o corpo é a mão que sabe.
:
Esse movimento. Antigo. De quem ergue a pedra. O machado. De quem puxa a corda. O resto são máscaras desse movimento. Todos os nomes são máscaras desse movimento.
O que escrevo.
:
O olhar é
um simples resíduo.
Ou o último reduto?

*

(segundo nascimento. Altamira)

Semeia o livro na pedra.
Bisontes, veados. Um homem com a morte na mão.
Arco e flecha. Lança.
E da tarde e da manhã se fez o dia primeiro.
:
O medo redobra. É um eco.
Na parede da gruta ilumina o alvo.

Ou.
É o eco que redobra o medo (?)

*

(Westbahnhof)

As sirenes. Hoje, o clamor atravessa os vidros das janelas. E a tarde escurece. Os prédios caem transformados em pó, até o azul ficar pungente. E alastrar numa tinta grosseira. Mas uma dor sem nome é um lugar informe. Aqui. Em Alepo? A pobreza dos que têm uma palavra de muitos lábios, uníssona. O comboio da manhã, os objetos de plástico, o frio limpo que afasta a cadeira, o nada entre uma coisa e outra, ali, aqui, ou por todo o lado onde assentamos os pés e olhamos em volta, por entre: eis o lugar, sem regresso nem partida, na estação somos todos, descemos todos a escada rolante, um após outro desaguamos, o rio intermitente dos mortos, os nossos olhos são o que está em frente, são as coisas que vemos, ou quase nada, como os meus, alguém pergunta: diga-me... mas não o deixam acabar: diga-me o quê? e afastam-se, enquanto as tílias caem com o amarelo das folhas, num vagar oscilante que enche o passeio de incerteza, longe, em Alepo? os prédios continuam a ruir transformados em pó, chegamos à linha número 1, as portas das casas de banho, os armazéns de mercadorias, mijo ou água, o óleo escorregadio das poças. Sujo. Tudo sujo. Uma porta que se abre e fecha sem que ninguém, o vazio de uma porta que se abre e fecha sem que ninguém, abre, fecha, abre, fecha, abre, e por instantes, intermitentes, árvores, casas, o hotel ludendorff, autocarros sem horário de partida ou de chegada, um homem enquanto, um pé no passeio, o outro no degrau, a mão estendida com um bilhete, um euro por amor de quem lá tem, ainda mais longe, em Alepo? os prédios caem transformados em pó, a porta abre-se e fecha-se, a rua e as casas aparecem e desaparecem, e o homem, e os homens, na placa de vidro, uns sobre os outros, acumulados, um dia alguém escavará esta montureira, por cima de nós, poças de água ou de mijo, por baixo de nós, sobre ou sob, tanto faz, subespécie *aeternitatis*, deambula-se, fingimos alguns encontros, ao longo da valeta, orienta-nos um fio tênue, mas o minotauro é agora a tua sombra, como tu, o animal esfomeado também envelheceu, nem ele escapa a estes novos tempos, a intermitência das guerras é a sua brutalidade, a intermitência torna qualquer homem uma presa, abre-se e fecha-se, abre-se e fecha-se a porta automática. Assim. Westbahnhof. Tão longe que, tão longe que nem, as páginas de um jornal, ou uma voz no ecrã, onde a rapariga loura diz, diz o quê? diz que o Áustria empatou, longe. o mais longe possível, os prédios continuam, continuam a cair transformados em pó. Alepo? o que é Alepo? onde? ou quem?

*

(explicação)

estão todos à espera que alguém explique, dizem enfastiados: explica lá isso, mas eu não sei, um prédio a cair transformado em pó, um braço num buraco do alcatrão, um cadáver a boiar junto a Lampedusa, que explicação? Não sei. Se as palavras morressem como bichos. Ou apodrecessem como um braço separado do corpo. Mas explicam, sabem unicamente explicar, viradas para jovens, tão belos, tão limpos, que tiram notas (nódoas?), que vão afastando, ia a escrever distanciando, palavra tão limpa, *clean*, assim é que é, *clean* é ainda mais longe, mais limpo, que merda, por isso talvez me cale, ou corte o braço, me sente num passeio, o ponha à minha frente, e espere, que cheiro é este? por que há tantas moscas? estamos no sul, senhoras e senhores, *meine Damen und Herren, mesdames et messieurs, ladies and gentlemen*, visitem a bacia (o penico?) do mediterrâneo, berço da civilização, há um afogado que espera por si. Ponto.
:
as sirenes. Anunciam os mortos. As sereias?
:
O silêncio vertical das ruínas, as coisas
são silêncios ameaçadores. Um melro procura. E encontra, nos montes de entulho.
E isso basta para aproximar. O riso da mão.

*

(arritmia)

Toda a noite sem dormir, atento, o coração bate, rítmico, com uma paragem oculta. Tento ouvi-la. O momento exacto. Ouvi-la surgir, como se houvesse um início para o que é súbito, como se o instante fosse a mais longa história. A noite da atenção.

*

(mulheradias)

Morre. Porque não morres? Onde e como se morre? Não queiras. Não queiras perguntar: é um insulto: aproxima os olhos e verás: não se vê outra coisa. Recua e verás: só há mortes como pequenos animais apressados: nos jardins, as estátuas.
Nas varandas, o brilho:
a mulher, de joelhos, lava os mosaicos. O pano encharcado vai e vem, vai e vem. E o brilho cresce. Só isto. Nada mais do que isto. Por vezes, os cães. Ladram. Uivam. Um cigano canta. E o quadriculado torna-se imenso.
:
Espero.
Ou, o que é o mesmo, já cheguei.
As mortes são a grande diferença.
Mas os mortos, esses.
:
A mulher, de joelhos, lavou a varanda. Lavava. Sabe lá o que é a morte: sabe lavar a varanda: enfia o trapo no balde azul de plástico cheio de água e passa-o depois pelos mosaicos.
A morte, sabe lá o que é a morte.
É quase invisível, esta mulher. É a mulher que lava a varanda. Por isso, não sabe o que é a morte. Rasa o chão. É o chão. Quando se levanta, levanta o chão com ela. Um vestido.
:
Há quem venha de lugares que são nomes. Só nomes. Cujas cidades são nomes. Só nomes. Nas folhas de um jornal há os lugares de onde vêm as mulheres que lavam as varandas.

A pele. O sangue escondido.
São todas diferentes as mortes.
Mas os mortos, esses. Basta olhar em volta as mulheres que lavam as varandas. Basta esperar um pouco.
Ficam para trás, para trás, sem um nome sequer.
Não é a vida que é uma questão de tempo: é a morte.
O morto.

*

(palavras exatas)

Arrancar uma árvore, bater com os punhos na mesa, abrir a janela, ver os pardais num voo a meio caminho, pobres indícios de uma passagem. Descrever tudo isto, como se as palavras estivessem contaminadas, e soubessem como quem rasteja,
:
neste dia inicial (o início de qualquer dia): elas sabem, quando encontram a ameixoeira seca: elas sabem, quando encontram o cão que não tem uma pata: elas sabem, quando encontram a mulher que pede cinquenta cêntimos para comprar coentros: elas sabem, quando o rapaz sai ganzado da noite de sábado: elas sabem, as palavras sabem como olhos que se abrem pela primeira vez, como os pobres aprendem, letra a letra as palavras sabem, mas não mais do que isso, e mesmo isso, as palavras: não.
:
Olho pela janela aberta, e nem já os pardais, nada interrompe a profundidade de uma janela aberta.
:
Agora, que escrevo letra a letra, que leio letra a letra, as palavras quase, as palavras quase não escapam, atadas umas às outras por este mover-se um dedo de tecla para tecla, por este movimento de lábios. E no ecrã, no papel, tudo cheio de buracos, mas próximos uns dos outros, sacos de areia, uns sobre os outros, o muro que impede a água de inundar. Sacos e sacos de cadáveres. Ensopados. Trouxas, embalagens de plástico, restos de comida, jornais amachucados, latas de sardinha, uns sobre os outros

esses sacos cheios, eis as palavras, quando, e é sempre quando para qualquer palavra: deus ou o heroísmo, ou a verdade, ou a honra, ou a heroína ou o haxe, ou o dever, é sempre quando, só a palavra merda, só a palavra caralho, só a palavra paneleiro, essas, por exemplo essas, não têm quando, têm a exatidão do que não pode ser dito, como o Nome, pornográfico, lampejo de faca, ou um homem, de olhos vendados, contra um tapume.
É assim.
Temos medo.
Temos mundo.

*

Escrevo. E venci. Venci toda a gente que me disse: não escrevas essa palavra, não escrevas assim, escreve bem, escreve como deve ser, escreve o mesmo, sempre o mesmo, e ir5ás (o cabrão de um 5 meteu-se no meio desta palavra) e irás longe, não desiludas quem um dia te elogiou. Quem um dia acreditou em ti. E eu. Puta que os pariu. Irás direito à morte com tambores e fanfarras. E eu. Puta que os pariu. Serás mestre. E eu. Puta que os pariu. Sê pelo menos marginal. E eu. Puta que os pariu.

Para.
E eu. Puta que os pariu.

*

(fragmentos)

nem onde nem quê, a Obra, a grande merda, devora o rosto que apareceu claro, trabalha para a sua obscuridade, desfaz os marcos, a luz de um reconhecimento que permita chamar, num mundo cujas ruínas iniciaram a memória, a criação, nem onde nem quê, só a pobreza repete um lugar, repisa-o, só a pobreza de um lugar repisado, pegadas sobre pegadas: eis o anônimo, hoje o fragmento tornou-se um luxo, remete para um espelho: transformar os fragmentos em bocados, eliminar, iluminar o que se oculta num nome, a genealogia dos holocaustos, a imensa paródia que permite que falem de nós, a exterioridade bronca de todas as histórias, nem

onde nem quê, só um texto que nos impeça de acabar, num movimento que seja a sua luz entre palavras, o texto inacabado é o tempo, um tempo, tão perto de morrer, mas o fragmento é o luxo: de um osso se reconstitui o animal, os bocados porém não sabem da obra acabada, não insinuam nem indiciam, são grandes amontoados como a visão de um campo de mortos, ou uma vala comum, que é um único morto, a acumulação é a palavra deste tempo, para onde nos viremos, só passeios esburacados, manequins de pasta de papel, de plástico, desmembrados, uns sobre os outros partem-se uns aos outros, nem alma nem o grande longínquo, só alguém que os pisa, ao andar de um lado para outro, escorregando num crânio, tropeçando num braço, são assim os bocados, textos que não conseguem, mas resistem, como os mortos onde tropeçamos.
:
São demasiado longas as frases do nosso tempo. E breves. O fragmento é uma frase tão longa, só os bocados persistem, há quem tente colá-los, mas eles reaparecem, são a destruição dos heróis, de deus, das eternidades, apagam a sua origem, talvez nem tenham origem.
Há fragmentos que ocupam estantes e estantes,
mas os bocados, esses
:
ninguém, o seu nome a chamar-se, a chamá-lo, era um bicho, um bicho é o nome de qualquer animal abandonado. Desprezado, mostra unicamente a sarna, as feridas nas orelhas. O porquê de um bicho é o seu medo. E a sua fome. Uma rosa sem porquê, mata. Porém, um bicho é o seu porquê. Uma pata partida torna-o invisível. Há nomes que tornam invisível. Bicho, por exemplo. Cheio da pressa da sua magreza.

*

(começo da tarde, em Moreanes)

Expostos.
Ex-postos.
Exorbitantes, os velhos,
sentados contra a parede:

lugar nenhum.
Lúcidos, os olhos, de tão fechados.

A luz encontra a luz,
no meio da rua, expulsa. E habita:
Insaciável.

A sombra é uma pulsação. Decrescente, invade.
Nem um tateio, um rasgão.
A cal e o seu braço. Nu.
O suor. De um corpo, rodeado.

*

A madrugada é um dia completo: a morte
tem nela o seu instante de recolhimento.
Brusco, o que falta, invade.
Limpa, esta parede lisa.

*

(abandono)

sem o teu abandono a terra não seria furtiva, mas um nome completo, sólida como um bater de pés, sem o teu abandono eu não saberia que um abandono corre para trás até à morte, e recomeça todas as noites, todas as manhãs, sem o teu abandono eu não saberia de que abandono falar, com o teu abandono, o abandono é olhar em volta e dizer: isto é um livro, é azul o título deste livro, é de manhã, o campo de jogos está vazio, o círculo de um espelho na fotografia de nozolino, um prego na parede, a sombra de um pardal a passar no soalho, as macieiras podadas, o som de um automóvel, é a manhã, de manhã, o copo meio de água, a chave a entrar na fechadura, a voz de Arash, o meu nome na voz de Arash, que é? Nada, a porta a abrir-se, a cara de Arash, digo: Arash, a mão de Arash, longa e estreita, no puxador, Arash: digo, e Arash sorri, penso: Arash não sabe rir, o teu abandono, digo uma coisa após outra, até não haver mais nada, e o teu abandono ser uma palavra, só uma palavra, com o seu vazio esfomeado. Digo Arash, mas nesta palavra vazia, Arash é uma palavra vazia que ressoa, Arash sorri e fecha a porta, o vagar da porta a fechar-se, a cerâmica do fogão escalda, não é barro: digo, matéria irrecuperável, por isso a digo, e assim ela fica cada vez mais longe, mais vazia, uma dor vazia, na macieira um chapim canta, são muitos os tempos de um abandono, todos cheios de coisas, todos mortos das coisas que os enchem, são uma pequena pausa as coisas, prometem outras coisas, como quem inspira para continuar, Arash abriu a porta da cozinha, o que Arash não disse afastou-se, Arash gosta de rosas, às vezes Arash pega-me no dedo indicador, e a minha mão levantase da mesa e fica parada, a uns centímetros da mesa, segura pelos dedos de Arash, às vezes Arash sabe, e os seus dedos abrem-se, e a minha mão recortada pelo frio, um frio, o inevitável, um dia, Arash, o quê? E a mão cai.

*

estes mortos atravessam os meus sonhos. Como uma matilha num campo de gelo. A lama endureceu até às raízes, estratos geológicos aprisionaram as carcaças dos animais, os arcos das costelas, as vértebras, ao longo do tempo, a matilha corre, espanta os bandos de corvos, vida onde o negro se refugiou. Voam baixo, estas aves. Sem uma sombra, a neve não os deixa pousar. E batem as asas até caírem exaustos na boca dos lobos: espirra o sangue, soltam-se algumas penas, a baba congelou nos focinhos ensanguentados. Um homem acorda, interrompe e retoma. Como os mortos, os lobos continuam pelo sonho, a correr na estepe, sem meta nem propósito. E acrescentam branco ao branco na sua corrida. Os mortos vieram para ficar, encontraram a sua casa no meu sono, e condenam-me, noite após noite, à sua malícia.
:
Só os mortos são nítidos nos olhos dos cegos.
:
Troncos retorcidos, na erva, de uma árvore ontem podada, um ninho vazio, as cascas dos ovos coladas ao fundo de penas e lama seca: eis o que vejo (imagino) quando me levanto, suado e trêmulo, e olho pela janela. A matilha, essa, continua lá, por onde a fome é um caminho. Espera o can-

saço do meu sono. Sem nome a cor destes animais incansáveis.
Na rua, uns passos.
Passam.

Em tropel, correm os lobos,
alonga-os a velocidade: rente ao negro, sobre o gelo,
deixam cair da boca entreaberta
bocados de carne, penas de corvo, patas de coelho
:
sob as histórias, destroços.
Não contar, dizer um tempo repartido, um tempo
que os ossos repartiram.
:
Há palavras que não semeiam, palavras
que são contra qualquer sementeira:
enraízam o presente numa pedra
e carregam um sinal tão escuro que parece longínquo.
Esta semelhança é o seu coio. O seu coito,

há homens sem normas para erguer os braços, homens
que erguem os braços como podem, às vezes a sombra entra neles até ir-
romper em palavras sem trajetória que têm a intransigência do arremesso.
E por isso acertam sempre.
:
Há palavras exatas como desencontros:
escurecem todas as línguas.
Parecendo repetir,
estão sempre a dizer uma nova pedra.

*

(Lampedusa)

Sobre os mortos no mediterrâneo saltam os vivos. Passam.
Às vezes chegam a um lugar qualquer e incendeiam: todas as palavras

são boas para morrer. Ou para matar. Eis o que os salva, o que os salva não, o que lhes permite retomar. Contra os que fizeram dos livros um negócio imundo.
Há quem explique, há sempre quem explique. E depois esqueça.
Porém, o que une alguns homens, é uma boca ferida.
:
eis como alguns corpos se desenham. Se anunciam:
o mar coalhado, o coalho:
assim se caminha sobre as águas. De morto em morto.
O milagre.

*

(a queda)

um riso, esta língua, a pátria, outro riso, de riso em riso tudo se desfaz, até não teres dono, os nomes que proclamam são a obediência do teu corpo, há um olho que os sabe ler, mas tu, tu desconfia, eles acumulam-se na tua boca, ou vomita-los ou voltas a engoli-los, em qualquer dos casos um veneno coabita, faz-se de tropeços esta viagem, cais por vezes, como um vômito cai, opaco, mas nada há de sublime na tua queda, ninguém se proporá escrevê-la ou cantá-la, olham-te e dizem: caiu, e continuam, a tua queda não regressa a uma história, estás para ali, talvez te deem um pontapé, uma moeda, ou se desviem enjoados, nem sequer um empecilho, há por todo o lado gente que caiu como tu, arranhões, sangue misturado com terra, uma nódoa negra, a tua queda não te mostra, apaga-te, agarra por isso numa pedra, atira-a, ela há de chegar a qualquer sítio, e fazer dele o lugar onde caiu uma pedra, talvez pareça pouco, mas é uma palavra a que eles não estão habituados, escreve com essas palavras, só te reconhecerá quem agarrar uma pedra, e esse reconhecimento não tem um livro atrás: tem outra pedra, não se ajustam estas pedras, não erguerão um muro, serão um monte de pedras, uma vergonha para quem procura uma casa bem-feita, um livro redentor, uma paisagem, a inteligência de uma citação ou de um reconhecimento, um monte de pedras ninguém o reconhece: é sempre o primeiro, ou um qualquer, o que é o mesmo, uma pedra não projeta uma sombra numa outra pedra, um monte de pedras tem a sombra por dentro, é sombrio, um monte de sombras, sem um interstício que separe uma sombra da outra, que permita à luz respirar e crescer, é que a luz, quando respira, inunda, torna quem atira pedras num alvo, num recorte, todas as vezes que parares de atirar pedras a luz insinua-se, isto é, seduz e separa, a luz é a pobreza de quem atira pedras, a luz reconhece e repete o livro, merda: diz merda, caralho: diz caralho, esporra: diz esporra, não digas excremento, não digas pênis, não digas sêmen, diz o que tudo em ti é uma pedra: adestra a mão

*

abrir uma cova, eis o trabalho de quem chegou, não perguntem onde, qualquer chegada é um sítio que o peso dos pés começa a escavar. O peso imóvel dos pés. E abre-se uma porta na sombra irradiante. Não devemos ter medo. O sentido é vertical. Como o cansaço, luz que destaca e separa. Mostra.
:
O verme não interrompe, não se cansa, é lenta a sua frase desmedida, mas o homem, este, que voltou atrás, descobre, entre as letras de uma única palavra, o remorso e a alegria, o suor e a corrida, a traição e a coragem, descobre ainda a merda, a ferida, todos os livros, enquanto sob a pele lateja a indecisão: corre ou não corre o sangue, cresce ou não cresce o cancro?

esta terra é uma esfera de mortos, pesada de mortos, é sobre eles que vivemos. Doenças, guerras, epidemias. Matança após matança, compactos, os cadáveres acumulam-se. Ruínas, ossos, excrementos. Respiramos mortos. Fogos, vulcões, cinzas. Pisamos mortos, o vento arrasta mortos, batenos na cara o grande esquecimento, tudo é a memória de um grande esquecimento,

Todos os mortos são anônimos.
(quanto mais falamos deles, mais anônimos se tornam)
E devoram.
Na alucinação de uma fome incompleta.

*

cada recomeço é um nó. Natacha envelheceu, Pedro envelheceu. É o fim do livro. Prolongá-lo até à morte de Pedro e Natacha, até o casamento dos seus filhos, depois escrever uma nova guerra. E de súbito a cabeça de Tolstói, desamparada, bate na folha de papel, e o aparo da caneta espirra, ou o tinteiro vira-se e rios de azul enraízam o desamparo dessa cabeça, encobrem letras, palavras, matam-nas, partem-nas. E a história acaba. Acaba?

não sei acabar: sei prolongar o massacre.
O meu.
Repito. Repito?
porque qualquer repetição inicia
um pequeno e fascinante desvio.

*

(dedicatória)

será assim?
tentar mais uma vez, mesmo sabendo que
tentar mais uma vez
é não interromper a morte:
No caixão, o teu corpo desfeito.
O padre murmurava
mas eram nítidas as palavras:
cada uma delas acrescentava morte à tua morte.
E tornava-a imensa. Insuportável.
Um vazio que ia crescendo. Irradiante.
Até alguém dizer: não.
E tapar os ouvidos.

NOTA BIBLIOGRÁFICA

As Margens, 1968, Edição de autor
Sauromaquia, 1.ª edição: 1976, Parceria A. M. Pereira, 2.ª edição: 1986, Relógio D'Água Editores
Os Deuses da Antevéspera, 1.ª edição: 1977, Parceria A. M. Pereira, 2.ª edição: 1990, Vega
O Mensageiro Diferido, 1981, Regra do Jogo, 2.ª edição: 2004, Relógio D'Água Editores
Quem da Pátria Sai a Si Mesmo Escapa?, 1983, Relógio D'Água Editores
O Canto no Ocaso, 1985, Rolim
O Incêndio in *"As Escadas Não Têm Degraus 5"*, 1991, Cotovia
Osculatriz, 1992, Relógio D'Água Editores, Prêmio Literário P. E. N. Clube Português 1992, 1.º lugar *ex aequo*
Álbum de Retratos, 1993, Relógio D'Água Editores
Que Sinos Dobram por Aqueles Que Morrem como Gado?, 1995, Relógio D'Água Editores
Grito, 1997, Relógio D'Água Editores, Grande Prêmio de Romance e Novela APE 1997
Cães, 1999, Relógio D'Água Editores
Rostos, 2001, Relógio D'Água Editores, Prêmio da Crítica 2001 atribuído pelo Centro Português da Associação Internacional de Críticos Literários
A Boca na Cinza, 2003, Relógio D'Água Editores
O Choro É Um Lugar Incerto, 2005, Relógio D'Água Editores
Ouve-se sempre a Distância numa Voz, 2006, Relógio D'Água Editores
Ofício de vésperas, 2007, Relógio D'Água Editores
Os olhos de Himmler, 2009, Relógio D'Água Editores
A mão do oleiro, 2011, Relógio D'Água Editores
Barro, 2012, Relógio D'Água Editores
Armadilha, 2013, Relógio D'Água Editores
Uma viagem no outono, 2013, Relógio D'Água Editores, Prêmio Nacional de Poesia Diógenes 2013
Enredos, 2014, Relógio D'Água Editores
(ou, transigindo, de que lado passarás a morrer, a clarear)?, 2014, Língua Morta